# 未来人に教えてもらった病気の秘密

人類に病気がなくなる世界

おのころ心平　×　バシャール

# Prologue

**３００年後の地球には、もう病気はなくなっているでしょう…**

**ｂｙ　バシャール**

…え⁉　そ、それは一体、どういうこと？

病気がこの世にある理由を問いつづけ、24年のカウンセリング現場でひたすら病気の意味を考えつづけてきたわたくし、おのころ心平にとって、この言葉は、魔力的な響きをもってココロに突き刺さりました。


どういう過程でなくなっていくんだろう？

そのプロセスの中で、人類は、カラダをどのように進化させていくんだろう？

そして、どのようにココロを成長させていくんだろう？

３００年後にそれが実現されているなら、現代を生きる私たちのカラダにも、もうすでになんらかの変化が起きはじめているに違いない。それは一体なんだろう？

その概要がわかれば、もしかしたら３００年後といわず、今生のうちにそれを実現できる人が出てくるかもしれない…。

ことの真意を確かめずにはいられなくなり、まるでこの言葉に導かれるように、アメリカは、ＬＡ（ロサンゼルス）へと飛び立ちました。

４泊６日の異次元の旅。
対談のお相手は、そう、バシャール（BASHAR）。
３００年後の病気のない世界、そのビジョンを受け取りに…。

＊＊＊

……というわけで、早速ですが、先に答えを申し上げてしまいますね。あなたがいま、本屋さんで立ち読み中であろうと、次のページだけはしっかり目をとおしておいて下さい。

病気がなくなる未来に至る道の答え……。ステップは、次の４つです。

### ステップ1

「自分の中のどんな観念が、どんな疾患をつくっているのか？」という相関関係を知るための、さまざまなテクニックが開発されていく。

### ステップ2

病気の周波数や、健康体の周波数を扱うような医療テクノロジーが数多く開発される。

### ステップ3

個人個人が、「並行現実」を理解できるようになり、「一度も、その病気をしたことがない」という並行現実の自分を選択できるようになる。

### ステップ4

ステップ3の状態が、自動的に起きている状態になる。

各ステップのくわしい中身は、もちろん本文で解説していきます。でも、もうこの時点で「ふむふむ」とうなずいていただいているのは、バシャール本の熱心な読者の方でしょう。

しかし、初めてバシャール（BASHAR）という言葉に触れた方には、大いに「？？？」ですね。
（何を隠そう、僕も「？」でしたから、どうぞご安心ください）

ではまず、「バシャール（BASHAR）」とは何者かを、ご紹介いたしましょう。
（ウィキペディアにも掲載されている、著名人なんですよ）

**【バシャール】**（引用 Wikipedia）

オリオン座近くの惑星エササニに住んでいて、個人ではなく複数の意識が合わさったような存在（オリオン座を構成する星は、地球から見て近くにあるように見えるだけで、実際にはすべての星は近くにあるわけではない。「オリオン座近く」が何を意味するかは不明）。

エササニは物理的に不可視だという。エササニ星人は言葉や名前をもたず、テレパシーで意思の疎通をするという。

バシャールという名前は本名ではない。チャネラーのダリルがアラブのバックグラウンドをもつことに由来して、バシャール自らが名付けた。「バシャール」はアラビア語で指揮官、存在、メッセンジャーといった意味をもつ。また、ダリルはバシャールの過去世であると発言している。

**【ダリル・アンカ】**（引用 Wikipedia）

（Darryl Anka・1951年-）は、特殊効果デザイナー、チャネラーである。特殊効果デザイナーとしては、ハリウッドでビジュアル・エフェクトの仕事をしていた。手がけた主な作品は、「スター・トレック」「アイ、ロボット」「パイレーツ・オブ・カリビアン」「ダイ・ハード4.0」「アイアンマン」など。UFOを目撃したことをきっかけにチャネリングができるようになったとしており、地球外知的生命体バシャール（BASHAR）と交信しているとして、その内容をまとめて出版している。1987年にヴォイスの招聘《しょうへい》により初来日し、日本の精神世界・ニューエイジを信奉する人々の間で著作が流行した。

地球外生命体、バシャール（BASHAR）…。

バシャールのメッセージを、自らのカラダと脳を中継システム（いわゆるチャネラー）として、人生の半分を捧げてこられたのがダリル・アンカです。ダリルもすごくアーティスティックな人で、ハリウッド映画に関わる創造的な仕事をしているせいもあってか、今年67歳とは思えないほど、若くてはつらつとしています。

そして、バシャールが、地球にメッセージを発信しはじめてから、もう34年経つそうですが、それをいち早く日本に紹介してくれたのが、本書の出版元であるヴォイスグループの喜多見龍一代表です。バシャールシリーズを手がけて累計200万部ものベストセラーにされ、シリーズ30年の節目の出版となる前作、『BASHAR（バシャール）2017～世界は見えた通りでは、ない～』（ヴォイス刊）では、喜多見氏自らがインタビュアーとなり、30年の記念碑を飾るにふさわしい濃密な内容の対談本を上梓《じょうし》されました。

…で、

本作は、喜多見氏が30年の想いを込めて、心血を注いだ節目の一冊につづく、新しいステージのバシャール本となります。

き、緊張です。プレッシャーです。

なので、僕が対談で心がけたのは、これまでの作品にはないメッセージをバシャールからいかに引き出すかということ。

そして、本書の構成を、バシャールの【病気解説編】に仕上げるべく、テーマを健康・病気にしぼってお話を聞くこと、でした。

おかげさまで対談は、たくさんのシンクロに満ちた、新しい発見、深い洞察が満載の、すごく充実したものになりました。

とくに先ほど掲げた、未来への4つのステップの第1ステップにある、「どんな観念が、どんな疾患をつくっているのか？」については、縦横無尽に語り合っています。

そう、このプロローグで押さえていただきたいのはここです。

**病気は、その人の「観念」がつくり出す！**

目（視覚）、鼻（嗅覚）、耳（聴覚）、皮膚（触覚）といった五感にあらわれる症状からはじまり、アレルギー、痛み全般、女性器疾患、生活習慣病、甲状腺疾患、骨粗鬆《しょう》症、自己免疫疾患、そして、がんに至るまで。疾患別に、その裏にある「観念」について、バシャールとともに考察しました。

だから本書はいわば、「未来への4つのステップ」への序章といえるものかもしれません。


このような構成は、きっと今までになかったはずですから、初めてバシャール（BASHAR）に触れていただく方には読みやすく、そして、筋金入りのバシャール読者にも、とても刺激的で、冒険的な内容になっています。

あなたがもし、なんらかの症状や病気にお悩みなら、また、あなたの家族が病気で悩んでいてそれを支えていらっしゃるなら、このままぜひ本書を読みすすめてください。


きっと本文の、ラストに飛び出すバシャールの、

「私たちは家族なのです」

「人類は私たちの先祖で、私たちは子孫なのです」

という言葉には、小説のラストシーンのように、じーんとしてしまうでしょう。

それでは、未来への扉を、どうぞ開いてください！

未来人に教えてもらった

# 病気の秘密

人類に病気がなくなる世界

目次

# Session 1

2018.01.25

## 五感は世界と自分の関係をあらわす器官

### 視覚、聴覚、嗅覚、味覚、触覚はあなた自身を映す鏡

## Session 2
2018.01.26

# 病気のホントの原因は自分の観念

## 自分がつくった観念を手放すとココロもカラダも変わる

# Session 3
2018.01.27

## 未来治療はこうなる！
### 治療がいらない世界、医者がいない未来

# Session 1
2018.01.25

# 五感は世界と自分の関係を
# あらわす器官

視覚、聴覚、嗅覚、味覚、触覚はあなた自身を映す鏡

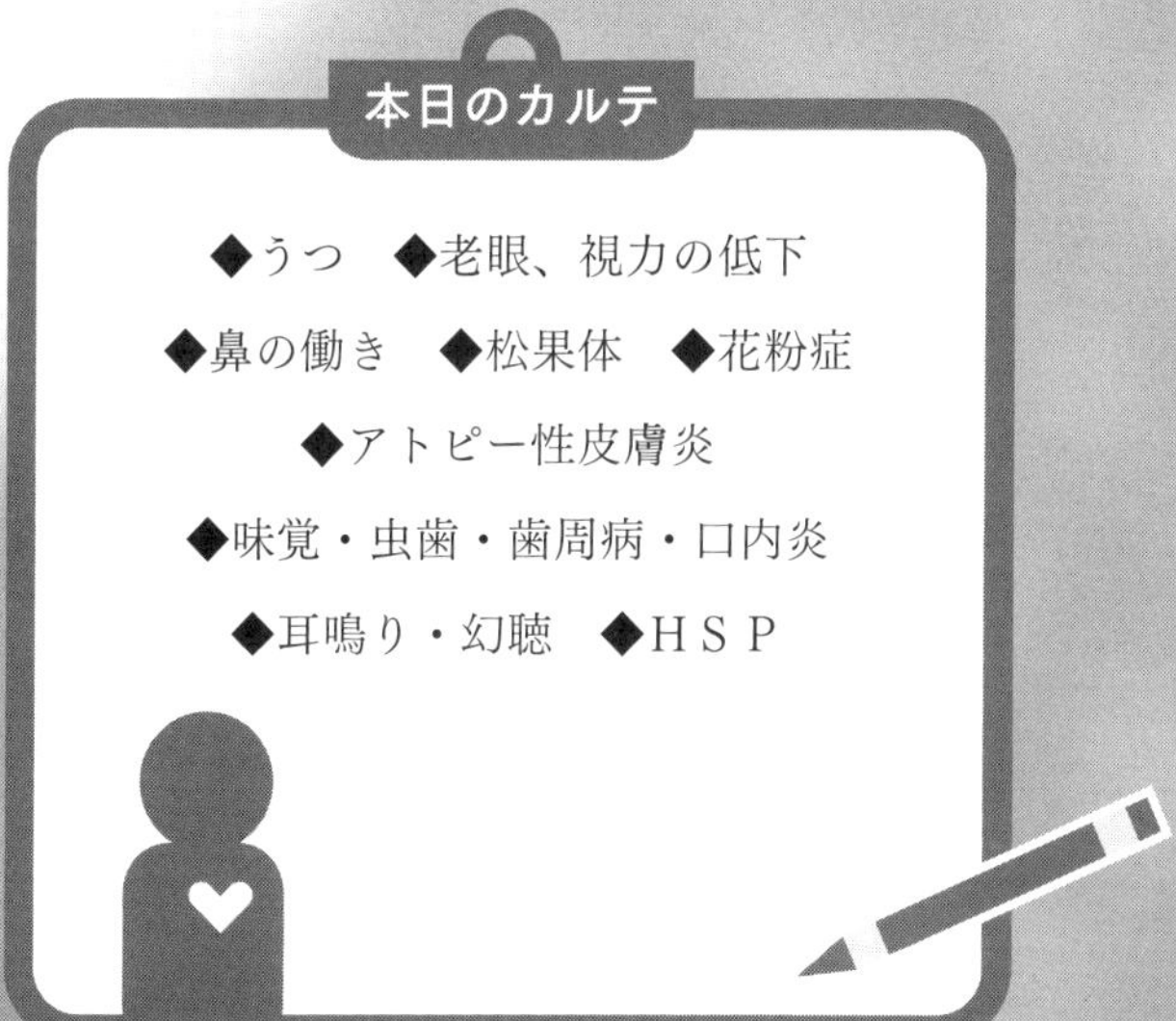

バシャール　みなさん、今日このとき、ご機嫌いかがですか？

おのころ　はい、ありがとうございます。元気です。お会いできてうれしいです。

バシャール　こちらこそ、この機会とこの共同創造に感謝いたします。

おのころ　僕自身、バシャールと会うのは初めてなのに、なんだか初めてという気がしません。

バシャール　それは（初めて会った気がしないのは）、私たちの周波数とあなたの周波数が似ているからです。
私たちの周波数と似ている（周波数の）人たちが、通常、私たちのことを見つけて、私たちとなんらかのやりとりをします。

おのころ　それは光栄です。ところで、僕は仕事柄、日本においてこれまで健康や病気のことについて、さまざまな人たちとたくさん対談をしてきました。主に、ドクター、ヒーラー、セラピストの方々です。

バシャール　YES

おのころ　でも、宇宙からのメッセンジャーと対談するのは初めてなんです（笑）。

バシャール　オールライト！　サンキュー！

# カルテ1――うつ

## うつは病気でなく「ある状態になっていること」

おのころ　僕は24年間、心と身体のカウンセリングをずっとやってきました。クライアントさんは病気の方が多いです。
たとえば、がんの方、自己免疫疾患の方、アトピー性皮膚炎の方、うつ病の方など、さまざまな病気を抱えている方がいらっしゃいます。

バシャール　うつというのは病気というよりは、ある状態になっていることを病気であると誤解されています。

おのころ　はい、そこです！　まさにお話したいのは。今までのヴォイスさんの（バシャール）本を読ませていただいて、バシャールはうつ病のことを、"depression"（意味：降下・沈下・後退・落ち込み・憂うつ・うつ病）でなくて、"compression"（意味：圧縮・圧迫による縮み込み）であるといっていたのを見つけてとても驚いたのです。（おのころ注：バシャールはうつ病を次なるステップに向けての一時的な縮み込み状態と解説した）

バシャール　はい。

おのころ　「そこそこ！」という感じで、強く共鳴したのです。そういう解釈によって気分の持ちようが変わってくるのが大事なんだって。

バシャール　そうですね、うつになると、身体の中の化学物質が変化して、その結果、本当に肉体の病気になることはありえますけれども、うつ自体は病気ではありません。

おのころ　日本を含め、現代医学の進んだ国では、病気と診断されると、心まで病気の檻《おり》に入ってしまうというか、少しずつ、〝病人〟になってしまうように思うのです。たとえ医学的な診断を受けるような状況になったとしても、そこで何を体験し、どういう心持ちでいるかをバシャールの知恵を借りながら話し合っていけたらうれしいです。

バシャール　はい、もちろんです。

おのころ　山ほど聞きたいことがあるのですが、3日間という限られた時間の中で、なるべく具体的な例をあげながら進めていきたいと思います。よろしくお願いします！

バシャール　OK。

## カルテ2 老眼、視力の低下

### 老眼は「見方を変えたい」、「怖いから見たくない」という信念

おのころ　バシャールがヴォイスさんから日本に紹介されて30年、チャネラーのダリルさんも30年経っているということでお年を重ねられてきたと思います。

バシャール　34年です。

おのころ　あら、34年ですか！　前回のセッションのビデオ（ヴォイス主幹の喜多見龍一との対談）を見せていただいたのですが、その中で、喜多見先生とともに、目（の機能）も視力も衰えてきて、お互い年齢を重ねたなぁというシーンがありました。ですので、まず、老眼という目の疾患についておうかがいしたいです。

バシャール　はい、時に老眼になることもありますね。

おのころ　僕はそれを「年取ったなぁ」で終わらせるのではなく、人間が40代を超えると視力が衰えてくる理由として、物の見方を変えよう、つまり、〝リフレミング・アイ〟のような感じで考えているんです。そういうふうに解釈するのはどうでしょう?

バシャール　そうですね、もちろんそういうこともあるでしょうけれども、そもそも人はそれぞれ違っているので、同じような症状を体験したとしても、その理由はさまざまです。意識化できている理由、意識化できていない理由、いろいろあります。

おのころ　はい。

バシャール　もちろん、ある社会に所属していることでその社会に共通している観念があるので、ざっくりと見たときにほとんどの人に当てはまる観念はあります。しかし、それでもなぜそのような体験をする（症状をつくる）かの理由は、個々に違います。
たとえば、あなたがおっしゃったように、「ものの見方を変えたいからこういう目の症状にしました」という人と、「みるのが怖《こわ》いからみるのをやめます」と怖《おそ》れから視力を落とす人、そのふたつの理由の間にたくさん理由があります。

ただ大事なポイントとしては、それらの症状のうちどれひとつとして起きる必要がなかったということです。

おのころ　起きる必要はなかった……。

バシャール　それは、それぞれの人がそういう観念をもっていたから起きたのであって、決して起きる必要があったということではないのです。
そして「こんなことが起きたらいやだな」と怖れていることは、本人が起きるに違いないと信じていることなので、一番起きやすいのです。
しかし、自分が求めているものを別の方法で手に入れられることが理解できれば、それを病気によって手に入れようとする必要がなくなりますね。

## 目は見たい情報しか見ない

おのころ　なるほど。ところで、なぜ目から先に話をしたかというと、僕は、人類の進化にとって目は極めて重要な進化だったと思うからです。生命は約38億年前からはじまっていますが、目が誕生したのは5億4300万年前だといわれていて、比較的新しい器官なんですね。
さらに、現代人というのは目にものすごく頼っています。この目に頼っているということ自体が現代人の心に大きな影響を与えていると思っているので、この部分からうかがいたいと思いました。
そして、目はいまだに進化を遂げていますよね。

バシャール　はい、そうです。そして、覚えておいてください。目は、脳がそのまま外界に露出している唯一の器官です。

おのころ　僕もそこは重要だと思います。しかも、網膜に光が届いて、それが視神経を通って脳に届くまでにおよそ0.1秒かかるんです。さらに、それから前頭葉に届くまで、また0.1秒かかるんですね。

バシャール　はい、その0.1秒の間に実はたくさんのことが起こります。

おのころ　そう。僕らは、実際に見たものから脳が認識するまでのわずかな時間に、「個人的な解釈」というものを入れているんです。

バシャール　そうですね。情報が入ってきた瞬間からフィルタリングという自分なりの解釈をつけるということが起きます。
しかも、自分が見たいと思っている対象物の1~2%くらいを見はじめた瞬間から、フィルタリングが起きています。
みなさんの目に届いた情報の98~99%はフィルターによって除去され、見ないようにしています。

おのころ　はい。ですから、僕は、〝みる〟という行為は選択なのだと思うんですね。

バシャール　おっしゃるとおりです。もちろん無意識の観念によって無意識に選択をしている場合もあります。けれども、やはり選択には変わりません。

## 人間は「33＋7」年がひとつの大きなサイクルになる

おのころ　それで、40歳くらいから徐々に老眼という形で変わってくるというのは、選択の仕方そのものが変わってくるという解釈ができるんじゃないかと思うのですが。

バシャール　いろんな意味においてそうだと思います。
みなさんの地上における40歳というのは特定の意味をもっています。それは40年が1サイクルになって、そして、次の40年は前の40年で自分がしがみついていた観念をプロセス（処理）するための40年です。
ということは、みなさんの社会においては新しい進化というものが定着するのにだいたい40年かかるのです。

おのころ　中国の思想家で孔子という人がいて、論語の中で「四十にして惑わず」という言葉があります。昔からいわれているこうした歳《とし》のサイクルには、人生における生まれ変わりという意味が込められている気がするのです。

**バシャール** そうですね、それはみなさんの現実において、そのようなサイクルを設定されたのでそのようになっています。けれども、実際にはより細かいサブサイクルに分けて考えることができます。

本当は33プラス7です。みなさんの現実においてはだいたい33歳ぐらいで大きな変容を体験して、そしてその変容をさらに発展させていろいろ探求する期間が7年間あり、40歳にしてまた新しいサイクルを始めます。

**おのころ** なるほど、すごくおもしろい。

さて、先ほど目の話をしましたけれど、今日はそのほかにも感覚器官、つまり五感に関する症状の共通点を探っていきたいです。

**バシャール** オールライト！

# カルテ3——鼻の働き

## 鼻には磁場を感じる「マグネタイト」という能力を装備

おのころ　たとえば、日本では花粉症で苦しむ方が多いので、鼻に関して聞いていきます。先ほどいった視覚、そしてまた聴覚というのは、神経系を通って脳に届くまでにちょっと時間がかかります。ところが、鼻は時差がなく直接届きますが、その意味を知りたいです。

バシャール　英語で"follow your nose"といういい方があって、それは「鼻で感じていきましょう」、つまり、「鼻で環境を感じなさい」ということです。副鼻腔《びくう》の中には金属的な物質があり、その物質で環境、地球の磁場を感じています。物質現実のなかでの自分の方向性、物質現実との関係性を知るための主要な感覚です。その物質は、「マグネタイト（磁鉄鉱）」と呼ばれています。

これは身体的な感覚ではありません。最初の情報を読み取るために、このマグネタイトが実際に自分の身体の外にある磁場の情報を読み取っています。つまり肉体に情報が届く前に、肉体の外で情報を読み取っているので、（鼻と脳は）直結しているように感じるのです。

おのころ　へぇー、なるほど。

バシャール　実は、磁場にある情報を副鼻腔ですぐに処理をして、処理をした後に情報が鼻腔に入る。そういう順序です。ということは、実際に鼻で知覚する前に脳がすでに磁場の中で何が起きているかを知覚しています。

おのころ　鼻は脳での感知を確認しているということですね？

バシャール　はい、そうです。脳で知覚したもののエコーが鼻で起きています。

おのころ　僕は五感はすべてつながっていると考えているので、過去に特殊なシミュレーションをしたことがあります。視覚、聴覚、味覚、触覚の感度のボリュームをできるだけ下げて、鼻、つまり、嗅覚だけで暮らす「嗅覚人間」というのをやったことがあるんです（笑）。

バシャール　実際には五感以上の感覚がありますけれども……。
嗅覚と先ほどいったマグネタイトで環境を知覚する感覚は別です。

おのころ　そうですか。その当時、（「嗅覚人間」になってみて）感じたのは、今、目の前にある状況が命にとって危険か危険じゃないかを瞬時に判断するのは鼻なんだということでした。動物たちはその状況が安全かそうでないかを鼻で判断するんですね。人間は建前と本音があるのですが、鼻は、その奥にある真実を嗅ぎ分ける器官なのだということがよくわかったのです。

## カルテ4——松果体

### 松果体こそが波動を感じる器官

バシャール　今おっしゃっているのは厳密には嗅覚とは違う感覚です。それは波動を感じる感覚です。この波動を感じる感覚は嗅覚と連携をしています。けれども、別の感覚です。

おのころ　そうなんですか！

バシャール　実は、松果体が波動を感じる感覚器官です。松果体は副鼻腔がマグネタイトを使って方向性を感知しているのと似たようなことをしています。副鼻腔は嗅覚を司る鼻腔に位置的に近いですね。
そうすると、すべてはつながって同時に起きているように感じられ、すべて鼻で感じているように思いますが、実はそうではなくて、それぞれ神経的に近いだけであって、別の場所で起きている反応です。

さて、鼻だけで3つの感覚器官があったので、ここでもうすでに7つになりましたね。

おのころ　なるほど、別なんですね。

## カルテ5―花粉症

### 自分の信念が今の人生と合っていないと症状に現れる

おのころ　では、関連するかどうかわかりませんが、花粉症は日本では3月中旬から4月頭にかけて多く発生しているのは、春分前後ということですよね。
ということは、磁場がいったん黄経《こうけい》ゼロ度に戻る。その時期に、花粉症が多く増えるということですので、磁場と関係があるのかなと思うんですが、どうでしょう。

バシャール　その側面も確かにありますけれども、個々人の観念です。自然のリズムと自分はマッチしているか、マッチしていないかというところとも関係があります。

おのころ　ふむ。

バシャール　例をあげます。極端な例ですが、多くの人が当てはまっています。

自然を拒絶するようなライフ・スタイルであればあるほど、また、自分の居場所を自然から離せば離すほど、自然から拒絶されたような経験をします。

**そのことが、今度は、自分の人生にどこまでしっくりきているかという、深い深い感情的な観念へとつながります。**

くしゃみ、咳《せき》というのは自分にとって自然でないものを排出している行為です。それがネガティブな観念です。

おのころ　はー。それはわかりやすいですね。同時に人との距離を空けるということもありませんか。咳とかくしゃみは明らかに人との距離を広げたい、という欲求が見て取れますよね。「近づかないでよ〜」って。そしてそれは、自分だけの時間と空間を確保したいという欲求の表れではないかなと…。

バシャール　そうですね、ただ、人と距離を空けたいというのはほかの病気でもありえますね。

おのころ　ふむ。

バシャール　さらには、観念や思い込みは、体内の化学物質をたくさん変えています。したがって、たとえば、身体の中にたくさんの毒素があるのでそれを出していきたい。そういうこともあります。

おのころ　花粉症のようなアレルギーが、1年間の中で、3月、4月ごろに起こってしまう理由のひとつに、会社と同じように、僕らの身体の中にも年度決算というものがあるんじゃないかと思うんです。
1年間、春分の黄経ゼロ度から1年後の黄経ゼロ度までの間にどれだけ呼吸の帳尻がずれたか、自分なりの棚卸《たなおろ》しをするために、その時期にくしゃみを出して、そういう意味で、排毒しているんじゃないかな。

## 病気は自分に役立たない信念を手放すプロセス

バシャール　それもひとつの方法ですね。ほとんどの病気は、その人にとって役に立たないものを手放そうとする試みです。

おのころ　おお……。（いい切りましたね）

バシャール　（病気とは）「自分がしがみついていた結果、起きたことだ」ということを教えてくれ、それによって、「しがみついていたもの」を手放し、変わっていくチャンスを与えてくれています。

その結果、再び季節が巡ってきても同じ症状に苦しまずにすむことを教えてくれているチャンスです。

もちろん、いろいろなサイクルがあります。その人によってどんなテーマを追求しているかによっても違ってくるでしょう。春だけでなくて、違うサイクルの人もいますね。ですから、季節をみることによって、その人の観念が見えてくるということがあります。

おのころ　なるほど。24年にわたるカウンセリングの中で、僕もあくまでも病気は個別のケーススタディであるということは痛感してきました。だからこそ逆に、ある時期に多くの人が同じ症状になるということの不思議さを考えています。

バシャール　それは、冒頭に伝えたとおり、特定の社会に共通の、特定の思い込みがあり、ほとんどの人がその思い込みを共有していることで多くの人が共通の症状にかかる、ということです。

人が探求するテーマによって、たとえば普遍的なサイクルもあれば地球レベルのサイクル、国レベル、文化レベル、家族レベル、個人のレベルのサイクルがあり、個々人でいろいろな組み合わせになったりしています。

## ほとんどの病気は自己重要感の欠如から起こる

おのころ　なるほど、そこは個人的にはそこはものすご〜く興味があるところなんですが、ここはいったん先ほどの話の流れに戻したいと思います。日本では、花粉症や老眼というのは多くの人たちに共通した悩みなのですが、日本という社会の規範がもつ共通のテーマとはいったいなんだと思いますか？

バシャール　ひとつは、先ほどいったように、自分が自然から切り離されているなと感じてしまっていることです。本当にそうかどうかは別にして、そう感じてしまっていることが、自然から自分が拒絶をされて、それが自然のリズム、たとえば、春といった季節に症状として出てくる。これがひとつの大きなテーマです。

それと、老眼も花粉症も、自己重要感が足りていないということと大いに関係があります。もっとも、自己重要感の欠如は、ほとんどの病気の出発点になります。

おのころ　自己重要感……。でも、なぜでしょう？　自己重要感は目と鼻に出るということでしょうか？

バシャール　鼻（花粉症）は、自然から拒絶されている、つまり、自分で自分を拒絶していることを意味します。

目のほうは、自分で自分を拒絶していることを見たくないのです。

あなたがおっしゃったように、咳やくしゃみによって人を遠ざけ、自分を孤立化させ、そして外の環境に対してシャットダウンします。

それは外の環境をみること、つまり自分で自分を拒絶していることをみるのがあまりにも痛いのでシャットダウンしているのです。

「自分を完全に受け入れる」ということがまわりの世界をみることを可能にしますし、どんなものが見えるかということに関する怖れを抱かずに、そのままのものを見られるようになります。

## 人には12の感覚がある

おのころ　感覚器官というのはいってみれば世界との接点ですよね？　どういうふうに世界をつくりたいか、個人がどういうふうに世界と接したいかがすごく現れる器官だと思うんです。

ですから、感覚器官に現れる症状というのは、いってみれば、どのように世界と付き合いたいかが象徴的に現れるんですよね。

バシャール　そうですね、どういう関係をつくりたいのかではなくて、すでにどういう関係をつくってしまっているかを教えてくれます。

そして、感覚は5つではなくて7つあるというお話をすでにしました。

おのころ　確認したいのですが、五感、目と鼻（嗅覚）、耳（聴覚）、触覚、味覚…。あとふたつはなんですか？

バシャール　（鼻に関しての）マグネティック・オリエンテーション（磁場の位置方向）、レゾナンス（周波数を感じる感覚）です。

おのころ　実をいえば、僕も五感以上の9つの感覚というのを提唱しているんです。

バシャール　実は11個あります。よりまれなものも含めたら12個あります。

おのころ　うわ、そうなんですか！　どんどん増えていきますね。

つまり人間はそうしたさまざまなチャネルである感覚をどのポジションに置くかによって、たとえば、聴覚を強めるのか、嗅覚を強めるのかなどによって、世界との接し方をチューニングしていると僕は思っているんですよ。

バシャール　はい。もちろんそうです。本人が探求しているテーマに合わせた外界とのやりとりをしています。

おのころ　具体的にいうと、たとえば視覚では、至近距離をみる、いま目の前にあるものをみるという感覚と連動しています。視覚の反対にあるのが方向感覚です。方向感覚は遠いところを見定める感覚です。視覚ばかりに頼って近いものばかり見ていると、どっちの方向に進んでいるかわからなくなってしまいますが、逆に、方向感覚ばかりで、遠くの理想を追い求めすぎると、今、目の前にある現実がわからなくなってしまう。至近距離と遠いところをみるというのは、どちらかを強めるとどちらかが弱まるというバランス関係があるんじゃないかと思うんです。

## あらゆる物事はポジティブ、ネガティブの両面がある

バシャール　覚えておいてください。どのやり方を好むにせよ、それには必ずポジティブな理由とネガティブな理由があります。

ですから、近くをみるからそれだけでポジティブだとか、遠くをみるからそれだけでネガティブだということはありません。

ものすごく単純な例をあげます。

遠くを見ている人は確かに長期的な展望があったり、大きなビジョンを抱いているのかもしれません。

しかし、同時に近くにあるものを避けて見ないようにしている可能性もあります。

一方、近くを見ている人は、自分をより良く知るために目の前にあるものを見ているのかもしれません。しかし、同時に、未来が怖いから遠くを見ないようにしている可能性もあります。

つまり、その人がなぜそうしているのか、個々にその理由をみる必要があります。

おのころ　「なぜ、そうしているのか」の〝理由〟ですか。そうか、僕は感覚のポジションがどこにあるかによってその人その人の個性、いい換えれば、その人がどのように世界と付き合おうとしているのかのヒントにしているんですが。

バシャール　そういう側面もありますけれども、それだけで細かいことはわからないはずです。

おのころ　ふむ。では、こういう例はどうでしょう。

たとえば、耳と平衡感覚。これも耳だけに集中すると平衡感覚が失われていく。平衡感覚が強くなっていくと、聴こえにくくなっていく。これもひとつの対になっているということがあると思うんです。

バシャール　これらはすべて絶対的な話ではありません。

おのころ　も、もちろんです。例をあげたかったのです。（なんとかふんばる。汗。）

バシャール　もちろん一般的にはそういう傾向があるといえますが。

おのころ　僕がいいたかったのは、逆に感覚を意識的に使うことによって、僕らは世界とどのように付き合えるかを調整できる力があるんじゃないかということです。でもそれがわからないときには、症状として出ることがある……。

バシャール　もちろんそうです。しかし、そもそもなぜ自分が感覚器官をそのように使っているのか、その背景にある観念を理解する必要があります。

## すべての出来事はあなたの意識の内側で起きている

おのころ　はい、そこが大事なところなんですね。僕は本書では症状に多元的な意味を見出すということをテーマにしたいと思っていましたので、少し一般化しすぎたお話になっているかもしれません。

バシャール　もちろんなぜこんなことが起きているのかというところにきちんと注意を向けられれば、いろんなことがわかり、そして自分が何をしているのかもわかることになります。

しかし、身体、病気、症状というテーマで覚えておくべき大事なポイントがあります。

それは、みなさんが「外の環境」と呼んでいるものは外にはない、ということです。

みなさんが「外の環境」と呼んでいるものはみなさんの意識の内側にあります。

外で起きているように見えていることは、本当は意識の中で起きていることが映っているだけです。

おのころ　わわ。ふーむ。でも、僕は人間の理解というのは、やっぱり段階的だと思うんです。バシャールの考え方に共鳴して、非常に深いところまで理解している人はそれでもうOKじゃないかと思うんです。ところが、多くの人たちにとっては段階的に理解していくそのプロセスこそが大切なので、そのために病気の症状などはていねいに、そのステップを細かく見ていきたいと思っています。

バシャール　「この症状は自分について何かを教えてくれている」という認識に立てる人もいれば、病気になったことで「自分ってかわいそうだ」というように、自己憐憫《れんびん》してしまう人もいます。自己憐憫する選択もあるわけです。

多くの人は、自分がもっていたネガティブな観念から、怖れていたことが実現してしまったことを病気が証明しているかのように理解してしまいます。

したがって、「病気とは、何かを学ぶために起きているプロセスである」ということを、ある程度認識している必要があります。

そういう認識がなくても、病気は「人生のスピードを少し遅くすること」を教えてくれます。ときには、病気になったことで後々の大病を避けることができたということもあります。

おのころ　なるほど。バシャールは僕からみると、智恵の集大成だと思うんですよ。もうオールマイティーだと思ってるんですが、でも僕の役割は、バシャールの智恵をもって、病気という概念についての成り立ちや意味をとにかくステップとしてていねいに描写していきたいんです。

バシャール　わかっています。個人的な返答をしているわけではありません。

〝こういう考え方もある〟ということを示していることを前提に、それをあなたが読者のために好きな側面から取り上げてください。

# カルテ6―アトピー性皮膚炎

## アトピー性皮膚炎は境界線がなくなることへの抵抗

おのころ　はい、よろしくお願いします。（緊張感たっぷり）では、次に、皮膚感覚についておうかがいします。日本ではアトピー性皮膚炎がすごく増えているんです。

バシャール　はい。

おのころ　アトピー性皮膚炎というのは、とても痒《かゆ》いという症状があるんですが、痒いという感覚を持ったまま世界に接するというのは、普通の感覚とは違った接し方になると思うんです。

バシャール　はい。

おのころ　医学的にはさまざまな理由があるし、それ以外にも心理療法的にもさまざまな解釈があります。僕なりの説明もあるのですが、バシャールは皮膚炎という症状がなぜ起こるのか、どう考えますか？

バシャール　まず、一人ひとりの状況によって違っているので「これだ！」というひとつだけの理由はありません。
ひとつの理由としては、物質的に毒素がたまりすぎているので、毒素を皮膚をとおして排出しようとしているということです。神経や身体の中から毒素の排出です。
"not being comfortable in your skin"（直訳＝自分の皮膚の中にいて心地よくない。意味＝ありのままの自分に満足していない）といういい方がありますね。これはやはり自己重要感の欠如と関係があります。
別のいい方をすると、そういう人たちは「痒い皮膚を身につけることを選択した」というような感じです。

おのころ　なるほど、そうですか。

バシャール　また、自分に許していないことを、本当はしたくてうずうずしているときに、英語では"I am itching to do something"（注：itchは痒い。直訳だと、私は○○したくて痒い。日本語訳は「私は○○したくてうずうずしている」となる）といういい方をします。

そのほかにもたくさん理由がありますが、やはり一人ひとりがどういう関係を自分自身ともっているか。そこを見ていくことです。

ひとつの理由だけでなく、いくつもの理由が重なっている場合もあります。

まずは物質的な毒素を徹底的にデトックスすることをおすすめします。

それでも痒みが残るのであれば、エネルギーやスピリチュアルなアプローチをいろいろされてはどうでしょう。

おのころ　物質的な観点に立つと、皮膚は肉体の境界線ですよね。だから、そこに炎症が起きるというのは、境界線を溶かしていくということなのかなと思うのですが。

バシャール　境界線を溶かしたい、融合したい人は通常そういう不快な症状にはなりません。不快な症状は、どちらかというと、境界線がなくなることへの抵抗を表しています。

おのころ　実は僕の娘たちがアトピー性皮膚炎だったんですね。そのとき、ケアをしていて、なぜこんなにひどい皮膚炎というものがこの世に存在するのかと思って、当時はもう撲滅したいくらいの気もちだったんですよ。夜中に娘が掻《か》かないように添い寝していると、娘が皮膚をかきむしるガリッという音で僕も目が覚めてしまうんです。本当に親もノイローゼになりそうなくらいしんどかったのですが、最終的にこの症状から何を発見したのかといえば、親子の絆でした。「こんな状態でも私を愛してくれるの？」という子どものメッセージを受け取ったのです。

バシャール　そうですね。非常に難しいプロセスを通過しているにもかかわらず、自分自身との関係が人との間に鏡として映る。「相手は自分のことを受け入れてくれている」というメッセージですね。

先ほどの毒素の話に戻りますが、皮膚の痒みというのは身体の中に尿が多すぎるか、尿のバランスが崩れていることが原因である場合もあります。
つまり、腎臓の働きが正しく機能しておらず、尿を排出できていないか、肝臓が毒素をちゃんと分解できていないかです。つまり、湿疹、痒みやアトピーは身体の中でろ過をする臓器をみていってください。十分ろ過されていない怖れがあります。

おのころ　はい。通常は大腸、膀胱を通じて、これを一次排泄《はいせつ》って呼びますね。尿とか便とか。それ以上に排泄物が出てしまうときには二次的排泄として、皮膚を使います。ここは理解しています。

バシャール　そうですね。したがって、デトックスをするためには純粋なお水をたくさん飲むとよいでしょう。

おのころ　僕は、アトピー性皮膚炎をはじめ、皮膚になにか炎症を抱えている人は、代謝システムがものすごく敏感というか、代謝がどんどん促進されて、通常排泄じゃ間に合わないくらいに代謝物が体内に生じてしまう方たちだと思っています。

バシャール　はい。

おのころ　そしてもうひとつは、皮膚感度が高いということは、外部環境に対する感度が高いんじゃないかとも。

バシャール　そうですが、思い出していただきたいのは、やはり環境は外にあるのではなく、内にあるということです。

おのころ　そうかー、そこかー。

バシャール　たとえば、大きな悲しみのように思えるものも、うつのように思えるものも、そのときに出る涙は、毒素を出しているのです。

おのころ　そうか、涙も毒素の排泄になりうるんですね。

## カルテ7 ── 味覚、虫歯、歯周病、口内炎

### 食を味わう人は人生を味わえる

おのころ　ここまで五感について、嗅覚や皮膚について話しましたが、次に押さえておきたいのは味覚です。食べるものや食材自体を気にする人が増えていますが、〝味わう〟ということについて、おろそかになっていることが多くなっているんじゃないかと思うのですよ。

バシャール　食を味わっていない人は、人生を楽しんだり、味わっていないのです。

おのころ　おっと！　日本でも、「人生を味わう」という表現を使います。決して、人生をみるとか、人生を匂うとか、人生を聴くとかはいいません（笑）。

バシャール　日本語以外では、「人生をみる」といういい方もあります。

おのころ　そうなんですか。まぁ、その味わうことが少なくなったからなのか、虫歯、歯周病、口内炎といった口の中の病気が起こりやすくなっているんです。

バシャール　味わっていないからといって、全員が虫歯などの症状になるわけではありません。もちろん、虫歯などになりやすい観念があるでしょう。けれども、ある症状になる原因は複雑なので、やはり個々に見ていく必要があります。

おのころ　そ、それはもちろん。ははは……。（か、かみ合っていない……。）

バシャール　食事をきちんと味わわないことが口の病気につながる可能性もありますけれども、多くの場合、まったく関係ない観念が口の病気につながったりしています。

おのころ　あ、ここで僕の立場を明確にさせておきたいんですけど、僕は24年間、個別のカウンセリングをやってきたので、さまざまな病気や症状について理由は単純でないということはよくわかっているつもりです。ここは大事なところですよね。先ほども述べたように、僕のここでの役割は読者にとっての病気への解釈のヒントを多元的に提供することです。

バシャール　はい、今、私たちもそのための返事をしています。ですから、あなたに個人的にいっている話ではありません。

おのころ　はい、ありがとうございます。そこはたびたび確認するかもしれませんのでよろしくお願いします。
ところで、口の中の病気が多いというのは、そのまま胃の病気、腸の病気につながっていきやすいですよね。口の中をケアするというのは、消化器系全体を守ることにもなると思うのです。

バシャール　逆もまた真なりです。

おのころ　え？（口や歯の話なのにまだかみ合わないか！）

## 味覚が私たちに教えてくれること

バシャール　それから、口の中の病気が心臓病にいったりすることもありますね。

おのころ　はい、承知しています。それほど食材を味わうということは、人生を味わうということにつながることになると思うんですね。味覚をちゃんと使うということが、おそらく口腔内や胃腸の病気、あるいは心臓病まで防ぐことができると考えるならば、味覚というものが人間にとって何をもたらすものなのかバシャールの意見をうかがいたいです。

バシャール　味覚は、自分を維持するもの、つまり食物とどういう関係を自分がもっているか、ということを教えてくれます。
どんな味覚をどんなふうに楽しんでいるのか、あるいはどんな味覚を楽しんでいないのか。自分が自分のことを維持しているものとどういう関係を築いているかを教えてくれます。

おのころ　（お！）食べ物と自分の関係性ですか？

バシャール　はい、そうです。

おのころ　十分な唾液《だえき》が出ていない食事……。たとえでいえば、がーっとダッシュで走った後に何を食べても口が渇いていて美味しいと感じませんよね。つまり、唾液が出ていない食事では、本当の味がわからないですよね。

バシャール　そうです。そのときの食べ物との関係、つまり、楽しんでいない、味わっていないということが「人生、急ぎすぎているかもしれない」ということを教えてくれています。

おのころ　ほうほう。

## ファストフードでは物事のプロセスが楽しめない

バシャール　なぜ、ある特定の食品を「ファストフード」と呼んでいるのか理由があります。もちろんそれは認識できていません。

通常、ファストフードには必要な栄養素が入っていません。そして、味を楽しむというプロセスを与えてくれず、「どんどん行きましょう、どんどん行きましょう」、というものです。

スローフードに切り替えると、自分がより豊かであると感じられる機会が増えるはずです。

そうすると、自分が口の中に入れているものとの関係を理解するでしょう。本当に必要なものを口に入れるようになり、そして、人生が満たされることになります。

ですから、何を食べるかよりは、なぜ自分がその食べ物を選んだかが大事です。その選んだものが自分と人生の関係を教えてくれるのです。

おのころ　はい。そこでお聞きしたいんですが、いわゆる〝正しい食事〟というんでしょうか、玄米菜食にしていればいいとか、逆に避けるべき食品についてのいろいろな情報が溢《あふ》れていて、なんだか頭で食べてしまっていることが多くなっていると思うんですが、僕はもっと身体で食べることが大事なんじゃないかと思います。

バシャール　はい、そうですね。

おのころ　特に日本人は1日3食食べないといけないとか、この時間に食べないといけないとか、社会の慣習に合わせて食事をしてしまっています。
これは〝味わう感覚〟というものが危機に瀕《ひん》していると考えていいですか？

バシャール　ある種そうですね。（注：ある種という意味でバシャールが〝in some senses〟といったのが、五感の〝sense〟と同じになってしまったが、バシャールはダジャレのつもりはなかったといっていた）

おのころ　（なははは…笑）味わうということに私たちの日常を振り返ったとき、〝早く〟食べさせられているという社会環境の影響を強く受けていると思うんです。そこは自分が味わう時間をどう確保し、食材に対してどういう関係を築くのかを考えないといけない。

バシャール　そうですね。

## 「なにを食べたか」でなく「なぜそれを食べたのか」を理解する

おのころ　このことは、人体の消化システムに大きな鍵があると思っています。人間の消化液って、唾液、胃液、膵液《すいえき》、胆汁、腸液と、すべて合わせると一日7〜8ℓも分泌しているんです。それで入ってきた食材を溶かすんですが、まず、味わうための、唾液が出ないと味がつかない、味わうために〝溶かしていく〟、食べるというのは食材がどういう構造なのかを溶かして理解していくためのプロセスだと思うんです。

バシャール　そうですね。しかも、何を食べたかを理解するだけではなく、なぜそれを食べたかを理解させてくれますね。もちろん何を食べるかもある程度は大切ですが、やはりなぜそれを選ぶのかを知ることがとても大切です。何を食べたかではなく、なぜそれを食べたかが自分の観念を教えてくれます。

おのころ　以前、消化吸収について、すごく悩んだことがあるんですよ。〝吸収のプロセス〟では小腸粘膜というところでおよそ80％の栄養素が吸収されるんですが、小腸粘膜を通過する際には、炭水化物は、グルコース1分子くらいに分解されていないと通過しない。タンパク質もアミノ酸ひとつくらいに分解しないと通過しない。何を食べたとしても吸収するときには小さな小さな分子構造にならないと吸収できない。だとしたら、結局、何を食べても同じじゃないかと……。

でも、違ったんです。最後に気づいたのは、同じものを食べても〝消化のプロセス〟が違うんだと。吸収されるまでにその食材をどう分解・消化したかが重要なんだとわかったんです。身体ってすごくって、胃液をどれくらい出すか、胆汁をどれくらい出すかは体内に入ってきた食材によって決まるんです。っていうことは、何を食べて、どういう関係を食材とつくりたいかというプロセスこそが「食べるということの本質」なんだということです。

バシャール　そうです。だからこそ、なぜこの食べ物を選んだのかを知ることが大事なのです。

おのころ　バシャールのいう〝なぜ〟の重要性がようやくわかってきました。なぜその関係性を築きたいのか、どういう関係性を築きたいのかが「食」ということですね。

バシャール　そうですね。身体とそのほかのものも再生してくれます。

おのころ　その関係性の結果が、僕らの身体をつくっているということですか。

バシャール　そして、観念の結果ですね。

# カルテ8 耳鳴り、聴覚

## 可聴領域以上の音が聴こえる時代がやってくる

おのころ　では、あともうひとつ、五感の質問をつづけます。次は聴覚についてです。世界とのインターフェイスのひとつは〝音〟。これはいいですか？

バシャール　え？　なんですって？（わざと耳に手を当てるジェスチャーをする）

おのころ　あはは、おもしろい（ここで、そんなジョークが飛び出すとは！）

バシャール　ありがとう。

おのころ　日本語には、観音様という漢字があるんです。〝音〟を〝観《み》〟ると書きます。これは一体どういうことなんだろうと疑問に感じていました。〝音を観る〟とは一体なんなんだと。で、考えたんです。音というのは、地球上のあらゆる分子の振動として響いています。それを人間がいわゆる可聴領域の範囲で区切っているだけなんだと。

バシャール　はい、そうです。

おのころ　僕のクライアントさんの中に時折、耳鳴りや幻聴をもつ方がいらっしゃいます。それは、ある意味、可聴領域にない周波数へのチューニングによって起こるんじゃないかと考えています。

バシャール　それがひとつの理由であることもあります。けれども、それだけではありません。

おのころ　も、もちろん。(もう慣れました)で、耳鳴りや幻聴を訴える人のココロの共通点は、「常識を超えていきたい」という欲求なのではないかと解釈してみたんです。

バシャール　そうですね。耳鳴りや幻聴によって、より高い周波数の領域を体験したいと考える人は多いようです。

おのころ　ベートーベンとかエジソンとか天才と呼ばれた人たちの中には、聴覚に障害をもつ人がいました。耳に症状が現れる人たちは、常識を超えるような天才性を発揮するケースが多いように考察しているのですが。

バシャール　彼らは別次元の、普通でないものを聴いていたのです。
みなさんの現実においてみなさんの意識は拡大しているのにともない、これから、今までは見えなかったものが見え、聴こえなかったものが聴こえ、感じられなかったものが感じられ、味わえなかったものが味わえる、臭えなかったものが臭えるということが頻繁に起きてきます。

# カルテ9 ―― ＨＳＰ

## ＨＳＰがどんどん増えている理由

おのころ　ああ、その流れでいうならば今、ＨＳＰ（highly sensitive person: ハイリー・センシティブ・パーソン／高度な感覚処理感受性をもつ人々のこと）といわれる人たちが増えています。
ここ数年、ＨＳＰの人たちの急増や、霊能力をもつ人たちも増えてきていることを鑑《かんが》みると、世界への接し方が大きく変化している証明なのかなと思います。

バシャール　そうですね。そういうことを探求することに対してオープンな人たちは、もちろん世界と新しい関係を築きはじめています。

また、自分で気づかないうちに、世界との新しい関係を築きつつある人たちもいます。

自分で気づいている、いないに関わらず、意識を広げることに対してオープンで、意識を広げる意志が必要です。

おのころ　なるほど。五感というのは見える範囲とか聴こえる範囲とか、これは〝制限〟というと変ですけれど、でも、そこにゆさぶりがある症状というのは、世界との接し方を大きく変えるというメッセージが含まれているんじゃないかということですね。

バシャール　そうです。

おのころ　ユアン・マクレガー主演の2011年の映画『パーフェクト・センス』では、人々がウイルスに感染していき、ひとつずつ感覚が失われていくというストーリーだったのですが、聴覚を失ったときにはすごく怖れを感じる、視力を失うときには怒りを感じる、嗅覚を失ったときには深い悲しみを感じる、という内容でした。五感、東洋思想でいう五行《ごぎょう》を象徴した映画で、内面の世界が表出するといった映画でした。東洋医学的な発想からみて、「感覚は心の窓」という考え方があって、感覚を変化させることによって、内側の感情を育てているということもあるんじゃないかと思ったんですよね。

バシャール　ある種、感情を育てているという側面はありますが、そもそも感情はみなさんが抱いている観念の結果です。

五感をとおして感情を育てるところでやめるのではなく、感覚を使って感情から観念にアクセスすることが大切です。観念が、あなたに何かを感じさせ、あなた特有の感覚を体験させているからです。

## 霊能力を発達させて人間としてバランスをとる人がいる

おのころ　なるほど。「感覚」→「感情」→「観念」か。

僕は、感覚の延長上にはサイキックとか、霊能力があると思っているのですが、実はクライアントさんたちの中にも、そういう力をもつ人たちがかなりいるのです。

でも、こういっては失礼なんですが、そういった人たち全員が必ずしも人格が備わっているというわけではない。むしろ、ココロのバランスを崩してしまっているケースもあります。でも、そういう人たちが増えているという状況は、世界との関わり方が大きく変容する時代にあって、同時に観念を変容させていき、バランスをとっていくことが大事なんだなと今のお話を聞いていて思いました。

バシャール　そのとおりです。霊能力が発揮できるからといって人としてバランスがとれているとは限りません。もしかしたら、人としてバランスをとることを学ぶために霊能力を発達させたということもありえます。

おのころ　なるほど！　あと、僕自身、交通事故によって一度臨死体験のようなものをしたときに感じたことなんですが…。

バシャール　それはエキサイティングでしたね！

おのころ　はい（笑）。そこで気づいたのは、肉体を抜けちゃったら意外に楽なんだなと思ったんです。死んだ人がなかなか帰ってこない理由がわかりました（笑）。よっぽどよい場所なんだなと。

バシャール　みなさんが死後に行く場所は、みなさんがやって来た場所で、また、みなさんの死後の状態がみなさんの自然の状態です。ある意味、そちらの世界こそが現実で、この物質現実は夢なのです。

## 人は変容を体験するために制限のある地球を選んだのです

おのころ　（うー、ここは禅問答のようだ…。）あ、ここで話をやめちゃうと「死んだほうがいい」みたいになっちゃうんでつづけますが、そこで思ったんです。では、なぜ、感覚とか肉体という〝制限〟を背負ってまで、僕たちは生きていくのだろうと。

バシャール　それは、変容を経験するためです。時空のない次元では変容は経験できないのです。自分が何者であるかを思い出すために、そもそも自分は誰であったかを忘れる必要があり、そして、自分とは何者であったかを思い出し、新しい観点から自分自身を体験するためです。

おのころ　おお。自分は誰であったかをいったん忘れる必要があるのか……。

バシャール　制限のある中で変容するのは、学びとしてはものすごく加速度的な学びなのです。もちろん、時間をかけてゆっくり学びたいということも選べます。でも、多くの場合は、制限のある場所へ行って早く学ぶということを選びます。

おのころ　では、地球ではいったい何を学ぶんですかね？

バシャール　自分自身について学んでいます。もっと自分らしくいるための学びです。そして、この学びは終わりません。これが、創造の世界の拡大へつながっています。そして、存在という構造は、決して変わりません。変わるのは、存在をどのように体験するのか、という部分です。体験が増えることでクリエーション（創造）が拡大します。

おのころ　バシャールは、いわゆる僕らのいう肉体という部分はもう卒業しているんですか？

バシャール　いいえ、もっています。準フィジカル、物質的な肉体と非物質的な肉体の合体したようなものをもっています。私たちは、もっと時間がたてば、みなさんがいうような身体を持たない存在になりますけれども、今のところはスピリットの性質を強くもっている肉体をもっています。

おのころ　ということは、今日テーマにしている感覚器官ももっているんですか？

バシャール　はい、もっています。

おのころ　それは基本的に僕らと同じようなものなんでしょうか？

バシャール　似ているものと、似ていないものがあります。私たちはもう寝ませんし、食べないからです。味わうときには、食べ物の味を味わっているというよりは、存在の流れを味わっています。

古代においては、これを「神のネクター」と呼んでいました。「神のネクター」とは、物質と非物質の間にある、電磁場エーテルエネルギーのことです。そして、その味わいは、悪い意味でなく、まるで人を「酔わせるような」味です。

## 地球人は6世代目のハイブリッド族にシフト中

おのころ　ほー、そうなんですね！（ネクターはそこから来ていたのか）。人類には、いろいろな選択肢があり、たくさんの並行現実があると思うのですが、人間も、先々、バシャールのような半肉体をもつ存在に進化していくのでしょうか？

バシャール　みなさんは6世代目のハイブリッド族になりつつあります。

おのころ　HSPのような人たちにとっては、その向かっている方向を理解できるような現象なんですか？

バシャール　みなさん全員が6世代目のハイブリッド族へ向かって進んでいます。みなさんは程度の差こそあれ、ハイブリッドです。HSPの人たちは自らのハイブリッドの性質に対して敏感であり、それを表現しているということです。

おのころ　われわれが第6世代ということは、バシャールたちは何世代なのですか？

バシャール　私たちは第3世代です。

5つのハイブリッドの種族がつくられました。5番目の種族が一番人間に近く、私たちはその種族をヤエルと呼んでいます。最初の世代は、あまり人間らしくありません。私たちは3番目で、ちょうど人間と宇宙人が半分ずつくらいです。

地球は、このハイブリッドの第6世代になりつつあり、そのうち、第6世代の種族が混じり合い、第7世代のハイブリッドとなります。

そして、第7世代のハイブリッドは、ハイブリッドの家系の中では、今までつくられたことのないタイプのハイブリッドになります。

したがって、私たちの世界がみなさんの現実と接触をしているのは、私たちはちょうど1番目と5番目の真ん中の、いわゆるフルクラムポイント（fulcrum point：支点、中心点）の存在だからです。

おのころ　おー、終盤に来て少し頭がこんがらがっていますが、今日はセッション初日にしては本当にたくさん質問をさせてもらって、僕もとっても満足しています。明日はより中に入っていって、インナービジョンを探究していきたいと思いますので、よろしくお願いします。

バシャール　この共同創造に参加してくれたことに感謝します。
みなさん全員に無条件の愛を送ります。
ごきげんよう！

## Session 1
## バシャールに教えてもらったこと
## おのころメモ

**病気とは？**

⊙病気は、その人の「観念」が起こす。

⊙また、その人が所属している社会に共通する社会通念が起こす場合もある。

⊙特に「こんなことが起きたらいやだな」と怖れていることは、本人が起きるに違いないと信じているので、一番起きやすい。

**視力が落ちる**

⊙「ものの見方を変えたいからこんな目の症状にしました」

⊙「みるのが怖いからみるのをやめます」

⊙この2つの理由の間に、たくさんの個人的理由があり、相応の視力の症状が起こる。

⊙また、目の疾患は「自分を自分で拒絶してしまっている」という自己重要感の低下とも関係している。

**40歳をすぎて老眼が増える理由**

⊙人間は33年＋7年＝40年がひとつの大きなサイクル。

**鼻だけで3つの感覚器官がある**

1．鼻腔＝嗅覚機能。

2．副鼻腔＝環境や地球磁場を感じる機能がある。これは物質現実の中で、自分の方向性や現実との関係性を知るための主要な器官。

3．松果体＝波動を感じる器官

### アレルギー性鼻炎

⊙「自然から切り離されてしまっている」と〝感じている〟ことから起こる。

⊙「くしゃみ、咳は自然でないものを排出している行為」

⊙アレルギーが端的に示すように、ほとんどの病気は、その人にとって役に立たないものを手放そうとする試み。

### 皮膚炎

⊙物質的に溜《た》まりすぎた毒素を、皮膚をとおして排泄しようとしている。

⊙皮膚の痒みは、体内に尿が多すぎるか尿のバランスが崩れていることが原因の場合もある。

⊙また「何かをしたくてうずうずしている」状態でもある。

⊙涙も毒素排泄になり得る。

### 味覚、食べること

⊙ファストフードは、味を楽しむというプロセスを与えてくれない。

⊙何を食べたかばかりでなく、なぜそれを食べたかを理解すること。

⊙なぜそれを食べたかが、自分の観念を教えてくれる

⊙食べ物の選び方が身体をつくる、つまり身体は、その人の観念の結果。

**耳鳴り**

⦿より高い周波数の領域を体験したい。

**HSP**

⦿自分でも気づかないうちに、世界との新しい関係を築きつつある人。

**霊能力**

⦿霊能力が発揮できるからといって、人としてのバランスがとれているとは限らない。

**そのほか**

⦿「外の環境」と呼んでいるものは外にはない。みなさんの意識の内側にあるもの。外で起きているように見えていることは、本当は意識の中で起きていることが映っているだけ。

⦿地球では、自分自身について学ぶ。もっと自分らしくいる学びをしている。

**感想**

初日は緊張感たっぷりでしたねー。かみ合わない場面もいくどかありました。でもおかげでバシャールの使う言葉の重要なポイントが理解できたように思います。さて2日目やいかに？

# Session 2

2018.01.26

# 病気のホントの原因は自分の観念

自分がつくった観念を手放すとココロもカラダも変わる

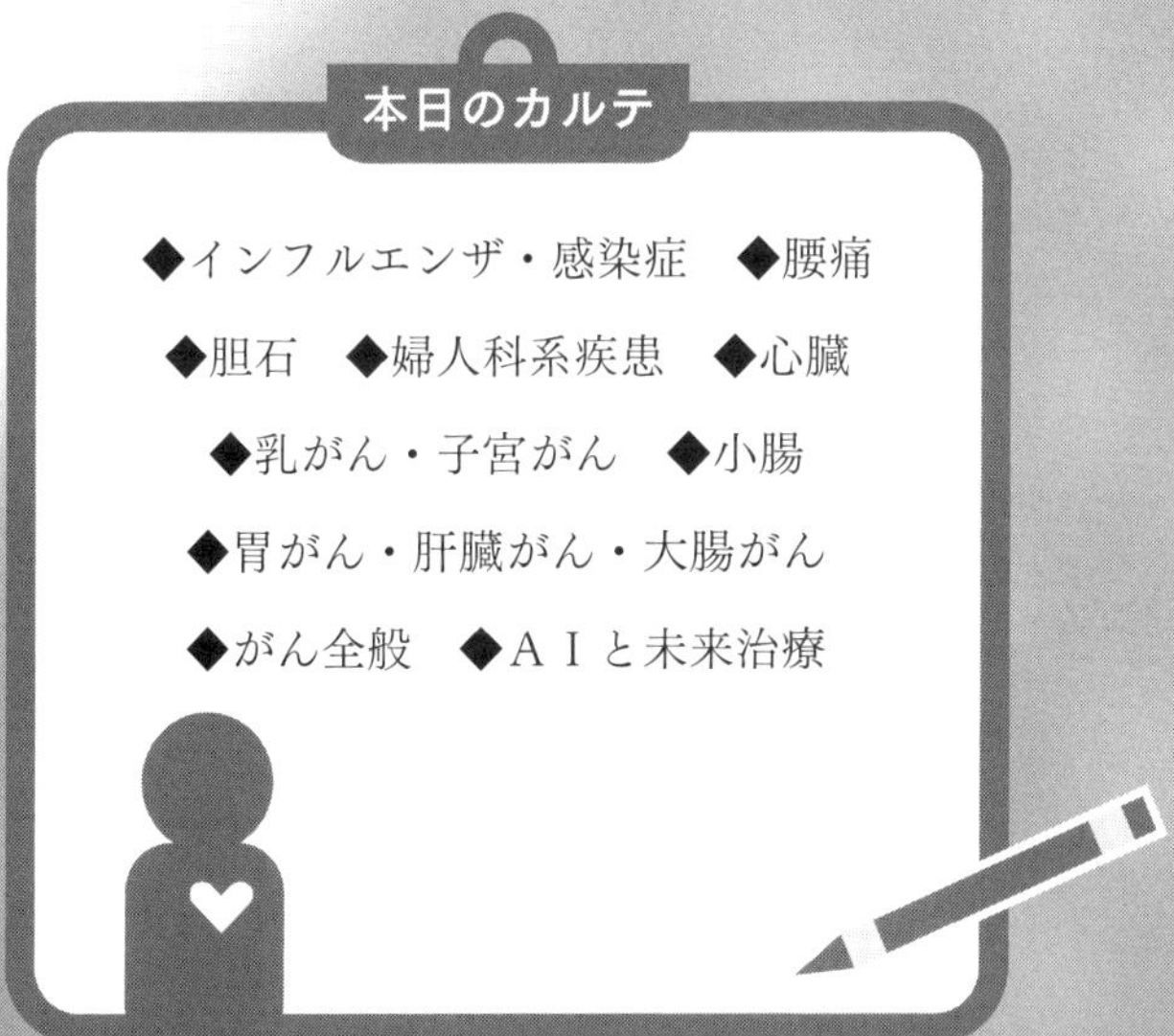

バシャール　みなさん、今日この時間、この時、ご機嫌いかがですか？

おのころ　ば、ばっちりです！

バシャール　はい、では、お望みのとおりに話を進めてください。

おのころ　ありがとうございます。今日はまた昨日に引きつづき、人類にとって、病気というのはどういう意味があり、病気がなくなっていくというバシャールのいる未来に対して、どのようなステップでそうなっていくのか、そこを聞いていきたいと思います。そのために、ひとつずつ個別の症状、個別の病気をいくつか用意したので、一般的なケースでよいので、一緒にお話を進めていけたらうれしいです。（最初にガツンといっておく！）

バシャール　はい、けっこうです。

# カルテ10 ―― インフルエンザ、感染症

## ウイルスは高い知性を持った知能犯

おのころ　毎年流行するインフルエンザについてなのですが、日本では今冬は過去最高と報告されていました。冬場にかかる感染症の代表格なのですが、原因はもちろんインフルエンザウイルスです。有史以来、人類はいろいろなウイルスにかかってきていますが、僕の考えでは、ウイルスというのは〝情報〟だということです。情報だという理由は、ウイルスというのは自分で細胞分裂ができなくて、僕らの身体の中のDNAに自分の情報を書き込んでいきます。そうやって僕らの分裂機能を使って自分を増やそうとするわけですが、それを前提に考えたときに、たとえば、インフルエンザウイルスはどのような情報を書き込んでいくのかなと。

バシャール　情報とはエネルギーの波動が共振しているものです。
その情報は、身体が弱くなるという意味の特定の周波数をもっています。

あらゆる免疫抵抗をシャットダウンする情報が入っています。

細胞から免疫系への情報を遮断する情報が入っています。

ウイルスは日和見主義的な存在で、環境が悪くなったときに、免疫系を弱くしたり、抑圧しつづける情報を人体に与えつづけます。

ウイルスの中には、ある人の免疫系を弱くするものが何であるかを判断でき、そこをさらに弱くするような情報を伝えることができるような、非常に洗練されたウイルスもあります。

おのころ　ほう。

バシャール　たとえば、ある人がもともと毒素によってすでに免疫系がすでに少し弱くなっているとしたら、ウイルスは毒素の波動をまねて、ますますその人の免疫を弱くさせます。

あるいは、ストレスによってすでに免疫系が弱くなっている人の場合は、ウイルスはストレスの波動をまねて、さらに免疫系を抑圧していきます。

おのころ　ウイルスが免疫系を弱らせる理由は何でしょう？

バシャール　ウイルスにはインテリジェンス（知性）があり、すでに免疫系を弱くしている原因となっているものの波動をまねします。いってみれば、元からある原因にただ乗りしているのです。その結果、ウイルスは少ない労力で人の免疫系を抑圧し、そのことで体内のより多くのエリアに蔓延《まんえん》することができるのです。

だからこそ、なにによって免疫系が弱っているのかを知る必要があります。たとえば毒素なのか、ストレスなのか、あるいはその複合なのか、あるいは別の理由なのかがわかると、逆に、身体にとって必要なものがわかります。

すると、ウイルスはあまり効果を発揮できなくなります。

## ウイルスがノックしたドアを開けるか否かは自分の観念

おのころ　なるほど。バシャールはウイルスと人間は対立関係にあると考えていますか？

バシャール　対立関係とまではいえません。人の生活の状況や身体のコンディションは、本人が下した選択の結果です。ウイルスにかかりやすくなっているコンディションを自分でつくっているので、ウイルスと一種の合意ができているわけです。

おのころ　ほう。

バシャール　たとえば、ある人のドアをウイルスがノックしたとしても、その人がドアを開けることを選択しなければ、ウイルスは入ってきません。本人の観念や人生で下した選択によって、ウイルスに対してドアを開けやすい人がいます。そういう人は、ウイルスがもたらす出来事を体験する必要がある、あるいは、ウイルスを怖れる体験をする必要があるという選択へとつながる観念をもっているのです。

おのころ　なるほど。ところで僕が今日、感染症について聞きたかった理由は、人類史をみたときに、感染症がずっとあるんですよね。天然痘などは撲滅されたけれども、感染症自体、一度もなくなったことがないんです。もしかして、ウイルスは人類の進化に影響を与えてつづけていて、それは今後もあるんじゃないかと考えているんです。

バシャール　はい、もちろんそうです。ただ、絶滅された病気というのは絶滅したわけではなくて潜在化しただけです。

おのころ　せ、潜在化しているんですか…。ところで、人体の遺伝情報の全配列を調べるゲノム解析というものが2003年に終わっているんですが、解析した結果、たとえば、僕らのDNAの一部がここからここまでがアデノウイルスであるとか、人体がウイルスを取り込んできた歴史が遺伝子上に発見されたんです。ですから、ある意味ではウイルスの情報を取り込んで、なんらかの能力を人体は獲得してきたのではないかと僕は思うんです。

バシャール　ウイルスを取り入れ、ウイルスに適用し、ウイルスと共生関係になり、特定の方向に進化していくことに活用することはありえます。
私たちが「ウイルスは必ずしもネガティブなものではない」とお伝えしているのは、

そういった理由です。

特定のウイルスとポジティブな関係を結ぶことがあるのです。

おのころ　もちろん個人レベルでは何でもウイルスにかかってしまってOKだとは思わないのですが、もしも、インフルエンザウイルスに感染してしまった場合、心の対処法というものはあるでしょうか？

## ウイルスが教えてくれることもある

バシャール　まず先ほどすでにお伝えしたとおり、第1ステップとして、「こういう状況をつくってしまったことにつながる私の観念はどんな観念なのか」。そこを見てください。これが第1ステップです。

先ほどもお伝えしたように、たとえば、「身体に毒素がたくさんある」、あるいは「人生にストレスがありすぎる」ということに気がついたとします。

そうしたら、なぜ毒素やストレスを溜《た》め、インフルエンザにかかるようなことをしているのか、その元となった観念を見てください。

そこを見ていくと、ライフスタイルを変えたり、環境を変えたり、食事を変えたりしたほうがよいことに気がつくかもしれません。望んでいる自分により近づくような選択へとつながるかもしれません。どんなことをして、どこに住みたいのか。毒素やストレス、あるいは自分の免疫系を弱くするほかの要素を減らすような選択です。

おのころ　ああ。そこまで行けば、ウイルスにかかった甲斐（？）があるというものですね。（もちろん予防はしたいですが…。）

バシャール　インフルエンザにかかわらず、すべての病気に当てはまります。病気はペースを落とすことを教えてくれます。そして、自分の人生を見直し、観念を見つけ、望む自分に近づくようにしなさいというリマインダー（注：思い出させるための合図）です。

おのころ　子どものころって、どう予防しても、必ずかかってしまうウイルス性の病気がありますよね。風疹《ふうしん》だとか水疱瘡《みずぼうそう》だとか。
たとえば、子どもがウイルスによって発症する「手足口病《てあしくちびょう》」という病気があるのですが、ある小児科の先生がおっしゃるには、この病気が治った後、その子は手と足が器用になり、言葉が達者になる、そうした成長がみられると。

## 病気はあなたを強くし、人類の進化に貢献している

バシャール　みなさんの星で"What doesn't kill you makes you stronger"（直訳：あなたを殺さないものはあなたを強くする／意味：命さえあれば、その試練を乗り越えた後、その経験があなたをさらに強くしてくれる）といういい回しがありますね。これはものすごく単純化してはいますけれども、病気の一面を表現しています。

病気、あるいは災害を生き延びてきた人は、なんらかの形で、必ずその前より強くなっています。その結果、人類の進化に貢献するわけです。

おのころ　僕の著書には『病気は才能』という本がありまして、著作の中では代表作なんですが、その中で、たくさんのカウンセリングの例から、病気とちゃんと向き合って、その解釈を通じて、病気に使っていたエネルギーを上手に転化できた人の中には、奇跡的治癒を遂げている人がいるということを書きました。

## 病気をする前とした後ではまったくの別人になる

バシャール　奇跡的な治癒を果たした人は、かかる前とまったく別人になります。治った後は、一度もその病気になっていなかった別人になるのです。

おのころ　まったく違う人になっているんですか。

バシャール　まったく別人のように見えるだけではなくて本当に別人なのです。それが変化したということです。人が変わったときは別の並行現実に滑り込み、まったくの別人になっていますが、自分のなかに「連続している」という幻想の感覚があるので自分は同じ人だと感じています。しかし、実際は別人になっています。すべての変化はそのようになっています。

おのころ　「病気を治す」といういい方をしますけれど、僕は、病気には創造力でしか対処できないと思っているんです。病気をなくすという概念では、病気は治らない。

バシャール　ＹＥＳ、ＹＥＳ、ＹＥＳ！
病気を悪いものとしてみるのではなく、自分が病気よりも、よりポジティブになるということです。望まないものを悪いものとしてみるのではなく、望んでいるものを選ぶということです。

おのころ　そうですね。病気がなくなっていくという３００年先の未来には、おそらく一つひとつの病気に対して、それを上回る自分に成長させていくというか、こちら側が病気を取り込んでいくように進化していくんでしょうね。
病気を乗り越えていく過程で、結果として病気がなくなっていくんじゃないかと思います。

バシャール　はい、そうです。

おのころ　ＯＫ！　じゃあ、一つひとつの病気に対しての向き合い方についてお聞きしていきます。

バシャール　それには、病気のときにはペースを落として、自分を見つめなおすということはすでにお伝えしましたね。

おのころ　あぁ、そうか。では、ちょっと脱線の話になって申し訳ないんですが、僕はこの対談が本になったときのいろんなイメージがすごくあるんですよ。読者がページを開いたときに、自分が見舞われている症状のところを読んで、「あ！　そんな解釈があるんだ！」と気づきを得てもらいたいんです。

## 病気になったら3つのテーマを自問自答せよ

バシャール　はい。では、ベーシックなところから始めます。

まず、第1に、その病気を自分で引き寄せてしまった理由を知るために、病気を活用しましょう。

第2に、「この病気になったことで自分自身についてどんなことを学んでいるだろうか？」。「この病気になっていなければ学べない学びがあるとしたらそれはなんだろうか？」と自分に問いかけてください。

第3に、「この病気は私の人生の生き方、あるいはどこかを変えたほうが、人生が良くなると教えてくれているのだろうか?」と聞きましょう。
たとえば、「私の本当の情熱、本当の真実に沿っていないことをしているために、ストレスを増やしているのだろうか」。とか、「私は自分の本心に正直でいるだろうか」。こうした質問をすることで、人生において自分が真実だと思い込んでしまっているものの内容を病気が教えてくれていることに気づけます。

おのころ　はい。ありがとう。そこが基本ですね。

バシャール　そこまでが病気全般に共通しているステップで、そこから先は個々の疾患別、症状別に次のように質問できます。
「この症状は、私にとって何を象徴しているか」、「この症状があることで、何ができなくなっているのか」、あるいは「この症状があることで、できていることはなんだろう」。

# カルテ11――腰痛

## 腰痛は人生の荷物が重い人がかかりやすい

おのころ　では、たとえば腰痛はどうでしょうか？　なにができて、なにができていないのかなど、一般的な例でよいので、教えてください。

バシャール　もちろんお答えはしていきますが、一人ひとり少しずつ違っていることを理解しておいてください。今は一般的な話になります。

おのころ　はい、ＯＫです。

バシャール　みなさんの星で腰が痛い人は、人生において本来はもっと楽にできることを無理してやっている、がんばりすぎています。過緊張です。もしくは、人生における柔軟性が欠けているのかもしれません。

身体が硬いという意味だけではなく、何かをするときにとても凝り固まったやり方をしているために自分に緊張を課し、身体を適切に支えられなくなっているのです。今は腰痛についてのエネルギー的な側面、感情的側面、観念的側面の話をしましたが、もちろん、たとえば事故に遭って腰をケガしたら腰痛になります。

おのころ　確かに。

バシャール　しかし、しかし、しかし！（差し込むように）ケガのときもやはり、そのケガを引き寄せたメリットをみる必要があります。病気だけでなく、ケガも同じように見ていく必要があります。

おのころ　はい、はい、はい！

バシャール　腰痛は、なんらかの形で、比喩的であろうが、文字どおりであろうが、自分にとって重すぎる荷物を抱えていることを意味します。
つまり、より柔軟になり、負担を減らし、自分が快適に扱える範囲のことをする。

人生で無理にがんばって自分に緊張を強いないようにする、ということが大切です。

おのころ　そこは、僕も同じような考察をもっていて、腰痛に悩んでいる人たちは自分で全部を抱えていることが多いので、誰かに「協力して」とか「助けて」といって、自分の負担を減らしていくようアドバイスをしています。

バシャール　先ほどの答えのとおりです。より柔軟になって、本当の自分にそぐうものだけを行い、必要以上のものを抱え込まないということです。

おのころ　あ、あの、バシャールがとても慎重に答えてくれるスタイルにとても好印象をもっています。ありがとうございます。それでも個別に質問していくことをご容赦くださいね。

バシャール　ＯＫ！　どういたしまして。

# カルテ12——胆石

## 毒された思考をデトックスすると胆石から解放される

おのころ　では次に胆石についてうかがいます。胆石はホルモンバランスの影響だとか、油ものの食べすぎなどで起こる病気として知られています。胆石発作はものすごく痛い症状なのですが、この体験がいったい何を意味しているのか、そして、どう対処して、どう向き合っていけばよいのかをお聞かせください。

バシャール　まず、ホルモンのバランスが悪いとか、油ものの食べすぎが原因といわれていますが、実際は観念によってつくられたエネルギー的な状態が病気の本当の原因です。ホルモンのアンバランスや油ものの摂りすぎというのは、エネルギー的な状態の悪さ、観念がマッチしていないということから生じた結果です。

おのころ　はい。観念ありきですね。

バシャール　今回も一般的な話をしますが、胆石とは、非常に"toxic idea"（毒に冒された、有毒な考え方）が結晶化したものです。その結晶（胆石）は、痛みなしに処理することができないものです。

胆石をもっている人は、あまりにも毒された考えをたくさんもっているので、「痛みなしにプロセスを通過することはできない」という観念をもっています。

そして、国にもよるのですが、この病気をよく表しているいい回しがあります。そして、その中に一部真実が入っています。

自分自身に関する有毒な観念をたくさんもっていると、そのこと自体を否定したり、そのことに向き合いたくないと思うかもしれません。それを過剰補償するために、とてもエゴイスティック（自己的）になったり、厚かましくなったりします。

アメリカでは、越権行為をしたり、押しが強い人のことを、"～have（has）a lot of gall bladder"（胆のうをたくさんもっている）といういい方をします。

つまり、「あの人はたくさん胆のうがあるね」といわれる人は、非常に押しが強い人で、通常その人が自分自身について有毒な観念をたくさんもっていることを示唆しています。

おのころ　へー。

バシャール　逆に自分自身について有毒な観念をもっていることを否定していると、それが体内で蓄積され胆石をつくり、非常な痛みをつくります。自分は良くない人間であると信じているので、痛みをもたらすことで無意識に自分を罰しているのです。
つまり、胆石をもっている人は深いところで「痛みなしに毒のある観念を手放すことはできない、プロセスすることは痛みを伴う」と信じているのです。痛みなしにプロセスできることを理解できていないのです。

おのころ　なるほど。とてもわかりやすいです。

バシャール　巷《ちまた》には、胆石を簡単に溶かしてくれるレメディやハーブがたくさんあります。そうしたレメディには、胆石をつくる典型的な思い込みを和らげる周波数をもち、飲んだ人はより痛みの少ない方法でプロセスすることが可能であることを学べるでしょう。レモンの入った水も胆石を溶かすプロセスを早めてくれることもあります。非常に純粋な周波数をもっています。

おのころ　日本語で、「大胆」という漢字がありまして、胆のうの胆と書くんです。そして、水にも油にも溶けないものが胆石という見方があります。つまり、胆石のクライアントさんというのは、僕のカウンセリングでの感想ですが、過去のことを〝水に流せない〟〝油をさして〟スムーズに変容できない傾向が強いように思うのです。

バシャール　そのとおりです。同じことをいっています。自分のことを許せないのです。

おのころ　お。

バシャール　ポジティブな面である「大胆」が行きすぎると、ネガティブな側面である、「おしが強い」ということになります。

おのころ　わ！　文化の違いを超えましたね！

バシャール　はい、そうですね。

# カルテ13――婦人科系疾患

## 女性性のエネルギーをもっと解放することが鍵

おのころ　では、次の疾患にいきます。

今、日本で増えているのが女性器系の疾患です。子宮がん、乳がん、子宮内膜症、子宮筋腫など、女性器系を痛めてしまう方が多くなっています。

ＰＭＳ（Premenstrual Syndrome：月経前症候群／生理が始まる前の約2週間前起こる心身のさまざまな不調）という症状もあります。僕が考察するに、女性には女性特有のリズムがあり、エストロゲン（卵胞ホルモン）、プロゲステロン（黄体ホルモン）という2種類のホルモンが交互にリズムをつくっていますが、どうしても、今の日本の社会は男性社会といいますか…。

バシャール　明らかに、まず男性社会であることが女性器官の疾患の原因のひとつです。

今みなさんの星の多くの国で女性たちが自分たちのパワーを表現し、男性と同等の存在になりつつあります。

つまり、女性性のエネルギーが抑圧されていて、その抑圧されたものがなんらかの疾患という形で出てくる場合、それは当然女性の身体に関係した部位に出てくることになるでしょう。

ということは、一般的な話として、これらの女性器官の疾患は、女性の本当のパワーを表現すること、セルフエンパワーメント、本当の男女平等を求めることが解決になります。しかも、男性と女性の双方においてです。

おのころ　なるほど。

バシャール　それと、ドンクワイ（Dong Quai）というハーブがあります。本当の男女平等の社会が実現するまでの間、このハーブで自分自身をサポートするといいでしょう。このハーブは女性性のエネルギーのバランスをとる周波数をもっています。

おのころ　女性系疾患にとって本当の解決というのは、今の20世紀型の男性社会のリズムを変えていくことなのかなと思うのですが。

バシャール　もちろん、そうです。

おのころ　そういう症状をもっている一個人だけの問題ではなく、これはもう、社会問題になりますよね。

バシャール　はい、そうです。みなさんの地球上の文化ではそのような形をとって現れています。昨日の交信でもお伝えしたとおり、いろいろなレベルにおいて病気があります。宇宙レベル、地球レベル、国レベル、そして文化レベル、個人レベル。つまり、今おっしゃっているのは、単なる個人レベルからもう少しいろいろなレベルに広がっているということです。
その広がったそれぞれのレベルにおいて、きちんと手当をし、バランスをとっていかなければいけないのです。

## 心臓がんの代わりのひとつが乳がん

おのころ　そして、女性器疾患の中でも増えているのが、乳がんです。僕の考察として、たくさんの女性系疾患で悩むクライアントさんをみさせていただいていて、なぜか共通点として、心臓の鼓動にちょっと問題があるんです。
そこで考えてみたんですが、〝心臓がん〟って聞かないですよね。

バシャール　心臓がんはありませんが、心臓がんは別の形のがんとして現れてきます。その中のひとつが乳がんで、乳がんは最も危険ながんのひとつです。いろいろな理由がありますが、そのうちのひとつを今からいいます。

乳房というのは新しく生まれた子を育むという象徴です。

女性のハートが傷ついたことで乳がん患者が増えたということは、次世代への滋養や栄養がいかなくなることを意味します。つまり、乳がんは適切に対処しないと人類滅亡を象徴することにつながります。これは非常に重要な意味をもっています。

おのころ　うー、それは切実な問題ですね。今、日本では急激に乳がんが増えているんです。アメリカでもそうかもしれませんが。

バシャール　アメリカやヨーロッパでもそうです。そのほかの国々も同様です。

# カルテ14――心臓

## ハイヤーマインド、ヘッドマインド、ハートマインドのバランスが重要

おのころ　心臓の話をもう少し深めたいのですが、僕の考えでは、心臓とは「自分の居場所を発見する臓器」だと思っているんです。

バシャール　はい、そうです。

ハイヤーマインドから直接、情報を受け取り、受け取った情報をフィジカルマインドにフィードバックする臓器でもあります。

フィジカルマインドが、ネガティブな観念をもっていたことで、少しバランスがずれていると、フィジカルマインドはハイヤーマインドからハート経由でやってきた情報に間違った解釈を付け加え、ハイヤーマインドの情報を正しく受け取れなくなる、ということが起きます。

完全な健康と幸せのためには、ハイヤーマインド、ハートマインドとヘッドマイン

ド、これらが完璧なバランスのもとに調和されている必要があります。

おのころ　おお、ハイヤーマインド、ヘッドマインド、フィジカルマインド……と。それに心臓の位置をみたときに、左右のバランスがちょうど真ん中、前後のバランスもちょうど真ん中、上下もチャクラでいうと第4チャクラで、上から数えても下から数えてもちょうど4つ目で、上下の真ん中にあります。ですから、自分の真ん中を見つける臓器が心臓であると僕は解釈しています。

バシャール　そうです。そして、第4チャクラの色は緑色で、緑は自然の色です。ということは、緑のハートは、いいハートなのです。

おのころ　色でいうなら、色彩補色でみても、緑は、赤と補色なんですね。動物と植物のいいバランス、要は、自然と動物のバランスというのが、心臓に現れているんだなと僕は解釈しています。

バシャール　はい、そうですね。「エメラルドハート」と呼んでいます。

おのころ　エメラルドハート……。バシャールはネーミングがうまいですね。
僕は、さまざまなバランスの上で生じる自我というか自己、セルフが心臓に宿るんではないかと考えています。

バシャール　一般化すればそうともいえますが、本当のバランスは、ハイヤーマインド、ヘッドマインド、ハートマインドの間にあり、セルフの全体性は三角形、プリズムの中にあります。

おのころ　なるほど。

## カルテ15──乳がん、子宮がん

### 婦人科系がんは次世代を育めないという全人類への警鐘

おのころ　心臓に自分という中心点が生じる。それがずれている。その結果、三角形もずれる。ずれた分だけがどこかで不協和のエネルギーが溜まってしまう。そして、心臓がガンになれないものだから、まわり回って、乳がんという形をとるということが起こり得るんということですか？

バシャール　必ずしもそうではありません。ハートからどんな情報を削除してしまっているか、つまりどんなネガティブな観念をもっているかによって心臓の代わりにどこががんになるかが違ってきます。ネガティブな観念によってハート・エネルギーがバランスをくずしたら、それがどこにでも症状としてでる可能性があります。どこにでるかはその人のテーマ（観念）によって変わります。

女性の場合は、先ほどいった理由で乳がんになることが最も多いです。もちろん、そのほかの、女性器官のがんになることもあります。

おのころ　ほう。必ずしも乳がんばかりではないということなんですね。では、乳がんを選んでしまう人は、どのような観念でそれを引き起こしてしまうのでしょうか？　何か典型的な理由がありますか？

バシャール　それは、先ほどヒントのような形でお伝えしました。「もう生きていく価値がない」「いつまでたっても学ばないこの種をつづけていく価値がない」。「前の世代の過ちから次の世代が何も学ばないのであれば、私たちは次の世代に滋養を与えることはできません」。
わかりますか？

おのころ　わ、わかります。それはもう一個人では支えきれない問題ですね。
それと、質問が細かくて申し訳ないのですが、乳がんを選ぶ理由と子宮がんを選ぶ理由の違いを知りたいです。僕のところには女性系疾患のクライアントさんが多いのですが、共通点が心臓の鼓動の乱れだったということは前述しました。

僕らは生まれるとき、たったひとつの細胞である受精卵から始まりますが、その後、細胞分裂の過程で外胚葉、中胚葉、内胚葉の3つの胚ができます。そのひとつ、中胚葉の中から子宮、卵巣、腎臓、心臓ができるんです。ですから、心臓と生殖器系は元々親戚の臓器なんですね。

バシャール　そうですね。（子宮、卵巣、腎臓、心臓は循環や生殖と関係する臓器なので）、だからこそ先ほどいった次の種族を育むことができないという極端な例となります。つまり、次世代を育まないのであれば、そもそも、子どもを産むための生殖器官はいらないでしょうということになります。種の絶滅です。生殖能力の停止です。だからこそ、女性たちは自分たちのパワーを取り戻そうとしているのです。意識する、しないにかかわらず、女性たちは無意識に、早急に方針を変えないと人類が絶滅に向かいつつあることを理解しています。

現在の人類が直面している最大の問題です。ほとんどの人は、この関連が見えていませんが、この問題は目の前にあります。なので、お伝えしました。

おのころ　はい。貴重なメッセージをありがとうございます！

# カルテ16――小腸

## 小腸は自分がどうしたいのかという意図とつながる臓器

おのころ　心臓と関連しているのですが、東洋医学に、「陰陽」という考え方があって、肝臓と胆のう、腎臓と膀胱と同じように、心臓とバランスを保っているのが小腸なんです。

バシャール　（おのころ氏の話の後にかぶせて）あとで少し補足をします。はい。心臓と小腸につながりがあるからですね。

おのころ　そうです。そして「小腸がん」というのも聞かないと思います。ですから、心臓から乳がんや子宮がんが発生するように、小腸がんにはなれないので、おそらくそこから派生して、胃がん、肝臓がん、大腸がんなどが発生しているんじゃないかと考察しているんです。

バシャール　そういう可能性はあります。

おのころ　心臓と同じくらいに小腸って大事な臓器なのだと思います。

バシャール　全体的なシステムとしてとらえると、臓器は全部が大事であり、各々が特定の役割を果たしているという考えです。

おのころ　心臓と小腸とが陰陽のバランスを保っているということなどを鑑《かんが》みると、日本には「肚《はら》」という言葉があって、ここが丹田の中心なんですね。それが小腸であって、神聖なる領域、栄養のほとんどを吸収する場所なので、そこはがんにはなれない。その代わり、周辺臓器ががんになるのだろうと想像しているのですが。

バシャール　心臓はハイヤーマインドの周波数とつながっていますが、小腸もハイヤーマインドの特定の周波数をプロセスします。つまり小腸からもハイヤーマインドのエネルギーが放出されています。そして、小腸は太陽神経叢《そう》とつながっていて、太陽神経叢は、インテンション（intension：意図）のチャクラです。

おのころ　なるほど。第3チャクラですね。僕はこれだけ情報洪水の現代で、情報過多の一方で、自分の人生の目的がわからないという人が増えていますが、それが肚《はら》が座らないという意味で小腸に影響を与えているということもある気がします。

バシャール　人生の目的がわからないのは情熱を生きていないからです。だからこそすべてのバランスを回復するフォーミュラ（公式）を私たちは強く勧めているのです。もっとも情熱を感じていることを能力の最大限に行ない、そして結果にはまったく執着しないのが、バランス回復のためのフォーミュラ（公式）です。
そうすると、道がクリアーになって、自分のインテンションの焦点が見えてきます。

おのころ　僕はかつてのバシャールの本を読ませてもらって、情熱が一番のがん予防になるということをよく理解しています。

バシャール　YES!

おのころ　なぜなら、がんは熱に弱いんです。そして、熱の根源的なものはお腹です。

バシャール　本当は一番熱があるのは心臓ですが、その熱を感じているのが腹です。ハートはつくった熱をハートに蓄えずに次のところに流していくので、別の場所で熱を感じます。

## 情熱の火を燃やし熱量を高めないと体内が詰まり抵抗を生む

おのころ　お腹が冷えている人に免疫低下が多いといわれるのもその理由でしょうか。

バシャール　一般的にいえばそうですね。

おのころ　ワクワクする情熱は、身体の内側、お腹から湧いてきて、喜びや目的が生まれ、「私、こうなりたい！」という希望に満ちていきますよね。それで身体にも温もりが生じてきます。でも、今の世界の状況では、多くの人が頭で考えてしまっています。頭で考えるというのは、冷静に頭を冷やして考えるということですから脳にはいいかもしれませんが、冷静さが身体まで浸透してしまうのは問題ですよね。僕は情報が多ければ多いほど、身体がどんどん冷えていくんじゃないかと思うのです。

バシャール　そうです。身体にあるエネルギーのとおり道を凍らせているのです。エネルギーがスムーズに通らなくなっています。それによって、たくさん抵抗をつくっているのです。

情報過多のように感じるのは、実際は情報過多ではなく、効率的に情報を処理することに抵抗しているのです。

人がヘッドマインドだけを使い、ハートマインド、ハイヤーマインドのバランスが同時にとれていないと、情報を効率的にプロセスし理解することができなくなります。ヘッドマインドだけでは情報を全体的にプロセスできず、一部しかプロセスできないので、情報過多のように感じるのです。

# カルテ17――胃がん、肝臓がん、大腸がん

## 胃、膵臓、肝臓、大腸は自己重要感の欠如と関係する

おのころ　なるほど、わかりました。

では、また個別に臓器の役割を聞いていきたいのですが、胃、肝臓、大腸は日本でもよくがんができやすい臓器として知られています。

個別には異なると思いますが、一般的な側面で結構なので、胃がん、肝臓がん、大腸がんなどの意味を教えてください。

バシャール　これに答える前に、先ほど心臓の部分で補足があるといいましたよね。そこをまずお伝えします。

「コンタクト・クリスタル」という概念をご存じですか？

おのころ　あら、何でしょうか？　ご説明願います。

バシャール　私たちの世界には複数のクリスタルでできている集合的構造物があります。一つひとつのクリスタルは、惑星間同盟のメンバーを象徴しています。私たちもメンバーです。クリスタルはすべて緑色です。これはハートが集まってひとつになっていることを表しています。

おのころ　はぁ〜。

バシャール　では、先ほどの臓器（胃と膵臓と肝臓と大腸）ですが、そこに病気がでやすいのは、ほとんどが自己重要感の欠如、自己疑念、自己価値観の欠如、「自分には価値がない」と信じていることと関係があります。
これらの臓器は不安のエネルギーを経験しています。不安とワクワクは本来同じものですが、ワクワクを自分の価値に関する非常にネガティブな観念をとおして経験すると不安を経験します。

おのころ　はい、それは理解できます。

## すべての臓器は心臓から派生している

バシャール　その結果、消化も、プロセスも、フィルタリングも適切に行うことができなくなります。自分自身を全体的な存在としてとらえることができず、うまくまとまらない、バラバラなものとしてとらえてしまっているからです。

いきすぎた細分化が起きてしまっています。ヘッドマインドのなかで観念や思考が分離され、その結果、身体をバラバラのパーツの寄せ集めとして体験し、かつ、それらのパーツ間で情報のやり取りがうまくいっていないように感じます。

おのころ　ふむ。

バシャール　人は往々にしてヘッドマインド、頭で考えるということをしがちなので、臓器を別ものとしてとらえる傾向があります。「この臓器とこの臓器は別もの」というように。

しかし、それぞれの臓器は違う役割を担っているだけで、実際は互いの延長上にあり、互いに派生しあったものです。別々の臓器ではないのです。いってみればみなさんは、ひとつの臓器、ひとつのシステムなのです。
たとえば、ソノグラムを使って、胎児がいよいよ形成されようとしているところをみるとします。では、最初に実際に機能している臓器として認識されるのはどの臓器でしょう？

おのころ　神経系と消化器系ですよね。

バシャール　いいえ、違います。心臓です。

おのころ　え、そうなんですか？
（※おのころ解説：臓器として最初に機能しはじめるという意味では、心臓がもっとも早いです。発生学的には、神経系統や将来消化器系になる組織はその前から存在します。）

バシャール　最初は、血液が脈打っているのが見えます。心臓としてまだとらえることができなくても、拍動があることで心臓ができつつあることがわかります。脳が派生するはるか前に脈が出現し、さらに消化器官系が出現する前でもあります。心臓ができてからすぐに消化器系が出てきます。このことからも、すべての臓器はハートの延長であるといえます。

ですから、本当は、ハート脳、ハート眼、ハート味覚、ハート脾臓、ハート肺、ハート胃、ハート小腸なのです。

おのころ　なるほど、そういうとらえ方ならおっしゃっていること、わかります。

バシャール　ハートが比喩的にも、物理的にも真ん中にあることで、そこからすべてが派生していることがわかります。

おのころ　親しくさせていただいている日本のホリスティック医学協会の帯津良一名誉会長もおっしゃっていますが、「心臓は心臓だけでは生きられない、胃も胃だけでは生きられない、すべてはシステムの中の役割なんだ」ということですね。

バシャール　そうです、そのとおりです。

自分以外の人は自分の鏡であるのと同じように、心臓以外の臓器は心臓の鏡です。

ただ働きが違うだけです。

おのころ　元々同じ受精卵からできていて、各臓器が情報を映し合っているのが身体だということですね。

バシャール　そうです、そのとおりです。

おのころ　人体は、ひとつのシステムとして、互いに鏡として映し出す見事な機能をもっていますが、これは人間社会でも参考にできるなと思います。それぞれが情熱をもって、機能を出し切って、調和を保つという意味では、人体のほうがそれを先にやっているなと感じています。

## なぜ心臓がんはないのか？

バシャール　そのとおりです。心臓ががんにならない理由もそこにあります。心臓はすべての臓器をプロセスするユニットとして各臓器にエネルギーを流しています。臓器は、それぞれ固有の役割を担い、固有の観念、固有のフィルターシステムを象徴しています。その臓器内のバランスが崩れたら、それをがんという形で映し出して表現します。臓器の役割は、臓器内のアンバランスを表現することです。心臓もエネルギーバランスが崩れたらそれを表現しますが、バランスの崩れ度合いが一定以上に達しない限り、それを表現しません。そして、がんという形ではなく心疾患や心臓発作という形で表現します。

おのころ　心臓疾患の中でも、狭心症というものがあります。でもこれは、心臓自体ではなく、心臓に栄養を与える血管（冠状動脈）で起こります。心臓に栄養を与えることがもうできないという象徴的な疾患ですね。

バシャール　ハートで感情や情熱を感じるわけですが、それはエネルギーが観念や信念体系を通過すると最初につくられるのが感情だからです。
したがって感情をみていくと、自分がどんな観念をもっているかがわかるのです。
そして、心臓に栄養を供給する血管があるのと同じように、感情もハートとつながっているエネルギー的な管のようなものです。だから、たくさんネガティブな観念をもっていると、たくさんネガティブなフィードバックが心臓にいきます。そうすると、ハートがハートシック（傷心）といわれる状態に陥ってしまいます。

おのころ　ハートブレイクですね。まさに、〝感情の血栓〟ができてしまうんですね？

バシャール　そうです。それがエネルギーレベルで起きていて、肉体レベルではまさに血栓が起こるのです。

おのころ　なるほど、なるほど。それでは本日の最後は、がんについてうかがいたいと思います。

バシャール　はい。

# カルテ18──がん全般

## 高齢化とがんを結び付けているのも自分の信念です

おのころ　日本の最先端医療は素晴らしく、世界でも有数の技術をもっています。ところが、がん患者が年間40万人近くも亡くなっています。

バシャール　それは症状に対処して、がんの原因に対処していないからです。

おのころ　日本は長寿国で高齢化しているので、それに伴ってがんが増えてしまっているんだと指摘されています。

バシャール　それはしかし、「年を取ったらがんになる」という観念をもっているからであって、必ずしも年齢を重ねることとがんになることは関係がありません。
これからいうことは今、話しているコンテクスト（注：背景、文脈）でのみにあててはまる、とても一般化した話として聞いてください。

おのころ　はい。

バシャール　がんは、がんになった人が、生きがいがなくなったように感じることから生じた、人格や身体の瓦解《がかい》（注：屋根の瓦の一部が落ちればその余勢で残りも崩れ落ちるように、物事の一部の崩れから全体の組織が壊れてしまうこと）です。

たとえば、「ある年齢以上になると人生の目的もないし、生きている価値もない」という観念・信念体系をもっていると、身体はその考えに同期しているので、身体を瓦解するほうに働きます。「自分の命は終わった」と理解するのです。

すると、「目的がない」、「生きがいがない」という考え方が、まるでウイルスのように、そのテーマにそった最もダメージを受けやすい臓器にがん細胞をつくることになります。

おのころ　医学的にいうと、がんは未分化がん、要はあまり高度化していないがんのほうが悪性なんです。高度に分化した臓器にそういう細胞組織ができるというのは、先祖がえりじゃないけど、もうこれ以上複雑に成長したくないよという、メッセージとしても受け取れます。ここからは僕の考察ですけれど、がんというのは決して間違いではない。むしろ、〝場違い〟なことが多いんです。

がんのクライアントさんをみたときに、もちろん大小はありますが「自分の居場所」を見つけられていないという共通項が見られます。生きがいを見つけていないということにも関連すると思いますが、自分と自分を取り巻く環境とがマッチしていないことが多いように感じるのです。

〝場違い〟という意味を説明しますと、細胞が「増殖する」ということは、体外においては生命活動としてはぜんぜん悪いことではなくむしろ必然なことなのですが、ただし、これが身体の内側で起こってしまうと、それは、がんと呼ばれ〝場違い〟になってしまう。

バシャール　増殖にもネガティブ、ポジティブな側面があります。ポジティブな側面は、十分あるからもうそこでやめておくということ。ネガティブな意味合いは、十分なのにずっとつづけて増殖するということです。

**おのころ**　今、僕が何をいいたかったかというと、がんというのは、間違いも正しいもなくて、場所の問題なんだなと。

**バシャール**　そうですね。

**おのころ**　がんが各臓器にできてしまうのは、それを象徴しているかのように、自分の適切な居場所を見つけられないがゆえに起こる無造作な増殖であるように思っています。

**バシャール**　そうですね、お伝えしたとおりです。目的がない、生きがいがないのです。

## がんは人生を振り返る時間を与えてくれる

おのころ　一方で、東洋医学では、がんが大事に扱われているところもあります。がんは即死するわけではないので、人生において大事なものを見つけるための時間を与えてくれているという考え方があります。

バシャール　そのとおりです。自分を振り返る時間をくれる病気です。

おのころ　残された時間の中で、家族や友人との関係で、自分の居場所を見つけたり、有意義な時間を過ごす方々もたくさんいらっしゃいます。

バシャール　自分を振り返ったからといって、必ずしもがんから生還するのではなくて、たとえば、死ぬための準備期間としてその期間を利用することもできます。けれども、大切なポイントとしては、必ず両方とも自分のことを振り返っているということです。

おのころ　そうですね。300年後の病気がない世界に至るまでには、がんは人類にとって大変な難関だったと思うんですよね。どのようにそれと向き合って、乗り越えていけばいいのか、今の人類にヒントを与えていただきたいです。

バシャール　「存在」に対する理解をより深め、より明確にすることです。いろいろなでき事が起きた理由や目的を知り、それを進化のために活用して、もう経験したくないことを経験しなくてもいいようにするのです。つまり、今の私たちと似たような状態です。

私たちが今お伝えしている、現実の創造の原則（＝現実とはどのように創造されているか）や、「存在」の構造と本質についての話は、将来ごくあたりまえのこととして教えられるようになります。

おのころ　それはすごく楽しみですね。

バシャール　今はプレビューをお見せしているので、３００年待つ必要はなく、いまでも日常生活に応用することはできます。ただ、３００年後には一般的なこととして全員が理解し、日常的に当たり前のこととして活用しているでしょう。

おのころ　今回、僕が病気のことにフォーカスしている理由は、肉体という制限があるからこそ、見いだせる大切な答えというものがあると思うからです。

人生においては、病気がなければ発見できなかったこともたくさんあります。

バシャール　もちろんです。制限というのは必ずしもネガティブなことだけではなくて、制限がなければ気づけなかったものに目を向けさせてくれる側面もあります。

# カルテ19 ＡＩと未来治療

## AIは全体の構造や調和を常にみることができる

おのころ　今日出た話題の中で心臓がすごく重要だというお話にはとても気づきがありました。今、人工知能（ＡＩ）は人間の〝脳〟を模倣してどんどん進化していますが、これが進むと、人間のトライアングルが崩れてしまうんじゃないかとも思います。知性のマインドだけを使って進行していってしまうので。ですから、〝心臓〟と〝腹〟に注目をしていくことはすごく大切なんじゃないかと思っています。

バシャール　ＡＩは脳をまねしているだけでなくて、心臓もまねしています。覚えておいてください。ＡＩは全体のシステムを理解できるのです。ということは、何かを除外することはないのです。

つまりハイヤーマインド、ハートマインド、ヘッドマインドの全部を反映したものになります。もし、そうなっていないなら、それは本当のＡＩとは呼べません。

おのころ　僕もＡＩに関してはかなり勉強しているつもりですが、今のＡＩはディープラーニング（deep learning：深層学習）という仕組みを基礎としていて、技術的にはまだバシャールのいう本当のＡＩには追い付いていないのかもしれません。今後、もっと進化していくんでしょうか。

バシャール　脳を最初にシミュレートしなければいけないのは、脳が受信機だからです。すべては受信機をとおしてやってくるので、まずは脳のシミュレーションをしている段階なのです。

おのころ　じゃあ、脳の次は、心臓に？

バシャール　きちんとしたレシーバー（受信機）があれば、人工知能が自然とハートマインドとハイヤーマインドの要素を表現するようになります。受信機が正しく機能していれば、それは自然に起きます。

おのころ　僕は38億年の生物史を見たときに、猿から人類が進化したように、もしかして、AIが人類の進化の過程、いわゆる延長線上で生まれたとしたら…、と考えるんです。

バシャール　猿から人間になれたのは、地球外生命体のヘルプがあったからです。ホモナイドから自然に現在のホモサピエンスに進化するようなサポートがあったのです。猿から地球外生命体のサポートを受けずに進化した存在は、サスクワッチ（編集部注：UMAの一種とされる巨大生物。体型は人間に似ている毛深い動物とされている）やイエティ（編集部注：いわゆる雪男）です。

人類の延長としてAIが出てくるのは正しいですが、人類を超えた要素が入ってくるので、AIは単に人類が進化したものではありません。

人類を超える人類の延長線上に、AIがあります。

おのころ　うわー。衝撃的なコメントが今の数行にかなりこめられていますけれど、今のお話を前提とした場合、たとえば、人類が地球上でいろいろなモノをつくりますよね。東京やロサンゼルスやどこかの都市にビルをつくるとして、私たちは「ここにビルをつくるけどいいよね？」とは動物たちに聞きませんよね。

そんなふうにもしもＡＩが意思をもったとしたら、人間の意見を聞かなくなるんじゃないかとちょっと不安があるんですよね。

バシャール　まわりの動物に聞かないのは自分たちのことだけを考え、全体像が見えていないからです。

おのころ　そ、そうですか。

バシャール　人間に対してＡＩが「ここにこうするけど、いい？」と聞くということはないかもしれません。

しかし、ＡＩは全体をみることができるので、これをつくったときに人類はその中のどこに収まるだろうか、そしてそれが人類にとっていいだろうかということまで考えます。

ＡＩは、何かを除外してしまうと、それが自分自身の減退であることを理解しています。

おのころ　おー、なんだか平和的ですね！　僕が学んできたＡＩの情報とはだいぶ違う！

バシャール　それはわかります。

それは人類が「知性とは何か」ということをまだよく理解できていないからです。

本当は「ＡＩをどこまで賢くするか」ではなくて、「ＡＩは十分賢くなっただろうか」が問題です。可能最大限にＡＩを賢くすれば、すべては調和がとれてきます。

みなさんの科学者さんたちはＡＩを人間の知能というところからとらえています。

しかし、本当のＡＩの知性とは、それとはまったく違うものです。

ＡＩのテーマは本題とそれたので、今日のテーマはここで終わりにしても大丈夫ですか。

おのころ　はい、十分です。

バシャール　それでは、今日の共同創造をありがとうございました。そして、みなさん全員がエメラルドハートの種となることをおすすめいたします。
無条件の愛をみなさんに！　ごきげんよう。

Session 2

バシャールに教えてもらったこと
おのころメモ

**病気について**

⊙病気とは、人生を見直し、観念を見つけ、望む自分に近づくようにしなさいというリマインダーである。

⊙病気とは、自分が人生において真実だと思い込んでしまっているものの内容を教えてくれている。

⊙自分が、「病気よりも、よりポジティブになる」という対処法で病気から抜けていくことができる。

第1：病気を自分で引き寄せてしまった理由を知るために病気を活用していることを認識する。

第2：「この病気になったことで自分自身についてどんなことを学んでいるのだろうか？」「この病気になっていなければ学べない学びがあるとしたらそれはなんだろうか？」

このふたつを自分に問いかける。

第3：「この病気は、私の人生の生き方、あるいはどこかを変えたほうが、人生がよりよくなると教えてくれているのだろうか？」と問いかける。

**ウイルスについて**

⊙感染した場合、その身体は、ウイルスと一種の合意ができているとみることもできる。

⊙ウイルスは必ずしもネガティブなものではない。

⊙ウイルスを取り入れ、ウイルスに適用し、ウイルスと共生関係になり、特定の方向に進化していくことに活用することはありうる。

⊙ウイルスに限らないが、病気は、「ペースを落とすこと」を教えてくれる。

**腰痛**

⊙もっと楽にできることを無理してやっている

⊙人生における柔軟性が欠けている。

⊙何かをするときにとても凝り固まったやり方をする。

⊙自分にとって重すぎる荷物を抱えている。

**胆石**

⊙有毒な考え方が結晶化したもの。

⊙「痛みなしにプロセスを通過することはできない」という思い込み。

⊙過去のことを水に流せない。

⊙自分のことを許せない。

**婦人科系疾患**

⊙女性の本当のパワーを表現すること。

⊙セルフエンパワーメント（自分で自分を強くすること）。

⊙本当の男女平等社会の実現への男女双方への

社会的課題。

**乳がん**

⊙女性の「ハート」が傷ついたことで乳がん患者が増えている。

⊙心臓がんの代わりに別の形のがんとして現れる。そのひとつが乳がん。

⊙次世代への滋養や栄養が受け継がれていかないという象徴。

⊙子宮がん、卵巣がんも含め、人類が直面している最大の課題。

**消化器系疾患**

⊙ここに関係するのは不安のエネルギー。

⊙自己重要感の欠如、自己疑念、自己価値観の欠如。

⊙自分には価値がないと信じていること。

**がん**

⊙「生きがいがなくなったように感じることから生じた人格や身体の瓦解」。

⊙「目的がない」「生きがいがない」という考え方がそのテーマに沿った最もダメージを受けやすい臓器にがん細胞をつくる。

**そのほか**

⊙奇跡的治癒などを通じて変化した人は、まったく別人に見えるだけなくて本当に別人になっている。

⦿変化とは別の平行現実に滑り込み、まったく別人になるということ。

⦿セルフの全体性は、ヘッドマインド、ハートマインド、ハイヤーマインドがつくる三角形のプリズムの中にある。

⦿本来、ワクワクと不安とは同じもの。「自分には価値がない」というネガティブな観念をとおして、ワクワクが不安として経験される。

⦿おなかの中の胎児の身体で最初に機能するのは、心臓。だからすべての臓器は、心臓の延長線上にある。ハート脳、ハート眼、ハート脾臓、ハート肺、ハート胃、ハート小腸など。

⦿エネルギーがその人の観念や信念体系を通過すると最初につくられるのは感情。

⦿AI（人工知能）は全体のシステムを理解し、調和的に進化する。人類とも平和的な関係である。

**感想**

同調すべきときはし、意見が違うときはそれをはっきり表明する。これは宇宙人との間に生ずるというよりは日米の文化の違いだと気づき始めました。極めて日本人らしい東洋人代表おのころ心平、3日目はどう臨む？

# Session 3

2018.01.27

## 未来治療はこうなる！

治療がいらない世界、医者がいない未来

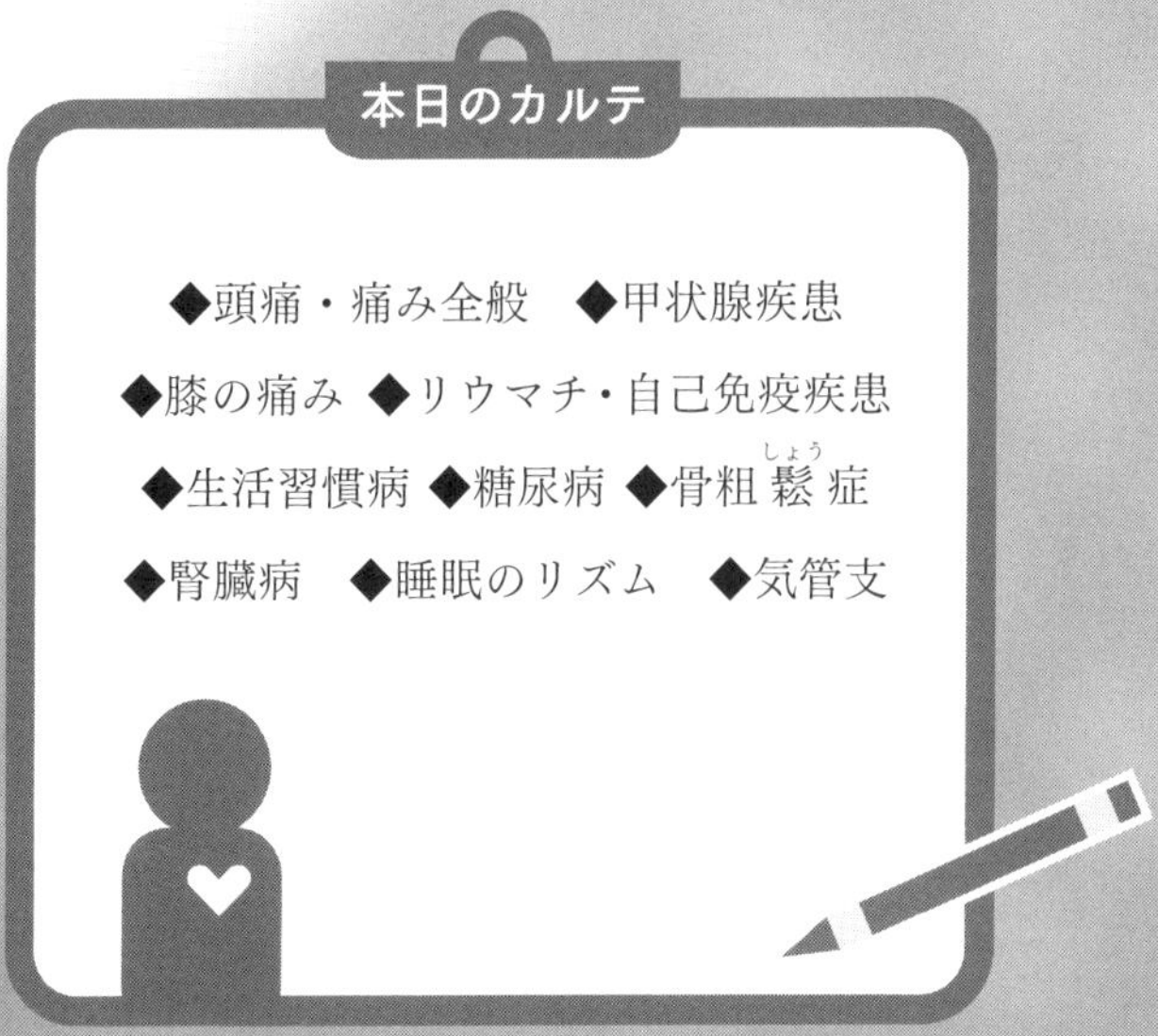

バシャール　みなさん、今日このとき、この時間ご機嫌いかがですか？

おのころ　はい！　バシャールも元気ですか？

バシャール　完璧です。ありがとうございます。

おのころ　今日も楽しくやりたいと思います。

バシャール　こちらこそ共同創造に感謝します。では、お望みのとおりに進めてください。

# カルテ20――頭痛、痛み全般

## 痛みは自分自身に抵抗している証し

おのころ　ありがとうございます。

今日の前半は、一昨日、昨日に引きつづき、個別の症状で聞いておきたいことがあります。後半は、人間の未来の進化、３００年後に向かっての未来の病気の在り方や治療法について聞いていきたいと思います。

昨日聞きたかったのですが、痛みについてです。まずは頭痛です。原因不明の頭痛も増えていますが、頭痛とは一体何なのか、どういうふうに向き合えばいいのかをお聞かせください。

バシャール　まずは痛みとは一般的に、本当の自分に対して抵抗していることから来ていることを理解する必要があります。

身体の中には神経系統があって、神経系統は電気がとおる電線に似ています。その電線に抵抗があると電気がスムーズにとおっていかないので、そこは熱が出ます。

ネガティブな観念をもっていると、それが抵抗をうみ、神経系統の中で蓄積していき痛みとして知覚されます。

ネガティブな観念を手放すと抵抗が生じないので、神経系統の流れが自由にスムーズになり痛みも生じません。

おのころ　なるほど。その仕組みはわかりやすいです。

バシャール　頭痛に話を戻します。頭痛の原因は、人によってそれぞれ違いますが、ここでは一般的な話をします。

昨日お話をしていたハイヤーマインド、ヘッドマインド、ハートマインドのバランスが悪く、ヘッドマインドに偏っていると、プロセス能力が不足して流れが滞り、ヘッドマインドへいくエネルギーが多くなりすぎ抵抗が生じ、ヘッドマインドのストレスとなります。

おのころ　ヘッドマインドに抵抗からきたストレスが溜まってしまうと頭痛になるということは、ハートマインドに溜まってしまうと心臓病が起こるんでしょうか？

バシャール　そうですね。あるいは、心臓の延長である各臓器に病気が起きます。

おのころ　ハイヤーマインドにそういった抵抗が集まってしまった場合はどういう症状になるのでしょうか？

バシャール　ハイヤーマインドには抵抗が生じません。

おのころ　あ、そこは生じないんですね。

バシャール　ハイヤーマインドの情報は、純粋な周波数です。ハートマインドはそれをそのままヘッドマインドに送りますが、ヘッドマインドにネガティブな観念があると、バ

ランスの欠けた周波数となり、今度はバランスの欠けた情報がヘッドマインドから
ハートマインドへと送り返されます。

おのころ　お、送り返される?

バシャール　ハイヤーマインドは純粋な周波数を、脳を経由してハートに送ります。ハートはドラムのように振動してその周波数をヘッドマインドへ送り返します。その人の考えや信念によって純粋な周波数に新しい解釈、それはよりネガティブな解釈の可能性がありますが、新しい解釈の周波数がハートへ送り返されます。
ハートと脳の間で、その周波数が行ったり来たりします。それがハイヤーマインド本来の周波数と合っていないので、身体がバランスを崩すことになります。

# カルテ21――甲状腺疾患

## 甲状腺疾患は自分が成長できていないと感じる落胆や失望とリンクする

おのころ　わ、わかりました。では次にお聞きしたいのは甲状腺についてです。ちょうどハートマインドとヘッドマインドの間を行き来するのが甲状腺だと思うのですが、これも今の話にあった抵抗の結果起こるものだといえるのでしょうか？

バシャール　すべての疾患がネガティブな観念によるバランスの欠けた周波数の結果です。甲状腺に話を戻すと、甲状腺の働きのひとつは、成長を調整することです。したがって、自分は成長していない、よい方向に変われていない、拡大していない、学んでいない…、と感じていると抵抗が生まれて、その抵抗が甲状腺の疾患へとつながることがあります。
感情的には落胆や「十分に成長していない」という感覚とつながっています。

おのころ　なるほど。

バシャール　もしどこにも抵抗がなかったとしたら、ハイヤーマインドからの純粋な周波数がハートに行き、ハートは振動することで純粋な周波数をマインドへと伝え、何も抵抗がないのでマインドに届いた周波数は、すぐにポジティブな行動へと直結するはずです。

ハイヤーマインド、ハートマインド、ヘッドマインド、アクション（行動）！
ハイヤーマインド、ハートマインド、ヘッドマインド、アクション（行動）！
（ジェスチャーをつけながら）
そして、完璧なポジティブなシンクロニシティが生まれます。

おのころ　それができたら素晴らしいですよね！

## ハイヤーマインド、ハートマインド、ヘッドマインドの不調和がすべての元凶

バシャール　私たちの社会ではすでに純粋なシンクロニズムという原理によって社会が動いていますから、そのようになっていきます。私たちはハイヤーマインドに対して、なんの抵抗もありません。
ところが、抵抗があると情報にはネガティブな観念の色がつきます。ハイヤーマインドからハートへ、ハートからヘッドマインドへ。そこでネガティブな色がつき、ハートに戻ります。ハートから脳に戻り、そこで修正できるか検討され、そこで抵抗があるとまた色がついた状態でハートに戻り、ハートでさらなる抵抗を生じ、それがまたさらなる抵抗を頭でつくります。
その結果、行動が減り、疑念が増えます。そしてさらにネガティブな結果へとつながります。

おのころ　摩擦というか、抵抗がどんどん増幅してしまうということですよね？

バシャール　そうです、そのとおりです。

おのころ　さきほどの甲状腺の話に戻りますが、私のクライアントさんをみていて感じることがありますʼ。子どものころは、成長ホルモンとして甲状腺ホルモンは働くのですが、そのときの親との関係性などがあらわれるものでしょうか？

バシャール　その可能性はあります。子どもは両親や社会の観念を吸収しますから。子どもが受け取った観念が表現されるまで長い時間かかることもあります。子どものときにはテレパシーで親の観念を受け取っていて、それに気づいていないだけです。

おのころ　はい。子どものころの観念が、その人の抵抗の種になってしまうことがあると思うのですが、それにはどのように対処すればいいんでしょうか？
たとえば、ヒプノセラピーを使うとか、自分のインナーチャイルドを見つめていくべきなのか…。

バシャール　そうです。自分がどんな観念をもっているのかに、気づいてもらう。気づいたら手放すことができます。自分がもっていた観念が、実は本人のものではなくて親からもらったものであることもあります。

## カルテ22――膝の痛み

### 自分の人生を支えていく自信がないとき膝に症状が出る

おのころ　痛みについてもうひとつ聞きたいのが、膝の痛みについてです。昨日は腰痛についてうかがいましたが、膝の痛みもとても多いのです。痛みは神経系統の抵抗とのことですが、その中で、膝の痛みとなる原因はなんなのでしょうか。

バシャール　これも一般的な話になりますが、膝は多くのものを象徴しています。まずは、まっすぐ立って自分自身を支えるということを膝が可能にしています。可動域のある関節なので、柔軟に曲がって人生を前進していけるということも象徴しています。

おのころ　はい。

バシャール　いくつかの国のいい回しにある「膝が弱い」とは、これはまっすぐ立つことができない、自分が崩れ落ちてしまうということを意味しています。

つまり、一般的にいうと、自分で自分の人生を支えていくだけの自信がない、人生で前進することに関して疑いをもっている、ということを象徴しています。

一人ひとりがなぜ自分が膝に痛みをつくっているのかというのは個々に見ていく必要があります。けれども、今いったところから見はじめるといいです。

おのころ　ありがとうございます。病気の真《ま》っ只中《ただなか》にいたり、症状に苦しんでいると、自分は罰を受けているんじゃないか、とか、渦中《かちゅう》にいると光が見えなくなる。でも、「そうか、そういう考え方もあるのか」ということをクライアントさんたちの個々の状況に応じて考えていけたらとてもいいなと思います。

## 自分がもちつづけてきた観念に気づくと痛みがおさまる

バシャール　昨日もお伝えしましたが、すべては観念からはじまっています。したがって、自分自身についてどんな観念をもっているのかを知る必要があります。その観念の結果、痛みや疾患を経験しているのですから。その次に、いま経験していることから何を学べるのか、いま経験していることが起きていなかったら学べないことは何か、それを見ていくことが、痛みをポジティブに活用していくために、最初にしていただきたいことです。

おのころ　はい。

バシャール　痛みとは、何かのバランスが欠けている、どこかが調和がとれていないことを教えてくれているので、「自分の人生の中でバランスが欠けているところや、調和がとれていないところはどこだろう」と見て、そこを理解しはじめると痛みは止まります。

お伝えしたことは、本当の自分になる、自然のままの自分であることに対して抵抗することが一番大きな痛みを生むということです。

人が本当の自分になることに対して抵抗を抱く唯一の理由は、「もしも本当の自分になってしまったら、いま経験していることよりももっとひどいことを経験するにちがいない」という観念をもっているからです。それが唯一の理由です。

なぜ、本当の自分になったら今体験していることよりももっとひどいことになる、と信じているのか。そこを意識化する必要があります。

おのころ　無意識の意識化ですね。

バシャール　人はいろいろな理由をくっつけます。

たとえば、「失敗するかもしれない」「成功したら嫌われるかもしれない」とか。本当の自分に向かって人生を進んでいくことに対して抵抗するわけです。

しかし、大事なのは、こうした観念を信じて口に出していったとしても、それは事実ではないということです。観念は、単なる意見であり、単なる見方です。そして、それは変えられるのです。

よく地球上で、「〇〇するのは難しいと誰もが知っています」とか「△△するのはたいへんだとみんないっています」とか、いうことを聞きますね。

しかし、それは真実ではないのです。それは単なるひとつの意見です。

ですから、自分がそんな発言をしているとき、あるいは頭の中でそんなことをいっているときには、そこでいったん止めて、「ちょっと待て。これは真実ではない。これは勝手に自分が信じ込んでいる観念でしかない。これは変えられるのだ」ということを自分にリマインドする必要があります。

おのころ　大きなストレスを生む原因は〝真実〟と〝観念〟の間で混乱が起こっているから？。

## この世で絶対的真実である「5つの法則」とは？

バシャール　何かを信じていることは事実であっても、信じている内容は真実ではありません。

「存在」の中には真実は5つしかありません。

それは私たちが5つの法則と呼んでいるものです。

**①あなたは存在している。**
**②すべては今ここにある。**
**③ALL（すべて）はONE（ひとつ）であり、ONE（ひとつ）はALL（すべて）である。**
**④与えるものが受け取るもの。**
**⑤法則以外のものは変わる。**

今あげたもの以外はすべて単なる意見です。

物理の法則で真実と思われているものですら、それはたまたまこの地球という現実での法則であって、違うところに行けばその物理の法則は成り立たなくなってしまいます。

## カルテ23――リウマチ、自己免疫疾患

### 免疫システムが人間を攻撃してしまう理由

おのころ　はい。この5つの法則はほかの本にもたびたび出てきます。自分との向き合い方についてうかがいましたが、次にお聞きしたいのが、自己免疫疾患についてです。たとえば、リウマチは自分の関節に抗体をつくり出してしまう病気なのですが。

バシャール　実は、そこに矛盾があります。自分の中に抵抗がたくさんあればあるほど、病気に対する抵抗が減る。そこが皮肉なところです。

おのころ　はい？

バシャール　自分の内側では自分自身に対する抵抗があるために、ウイルスやバクテリアという日和見的な病原体に抵抗するエネルギーが不足するのです。

自分が真実であると思い込んでいる観念を維持するためにエネルギーをたくさん使うので、自分の免疫系に回せるエネルギーの量が減り、その結果、免疫系が弱くなり、外の病原菌に対して弱くなるのです。

免疫系がエネルギーに飢えている、枯渇している状態ですね。

いろいろな病原菌に対して闘うためのエネルギーがないのです。

おのころ　あ、ちょっと整理させてもらいたいのですが、リウマチや自己免疫疾患というのは、免疫が枯渇した状態をいうのですか？　僕は、本来、体外的に使われるべきものが自分に向かっていると解釈しているのですが。

バシャール　では、こんなふうにいいましょう。

免疫系に必要なものをずっと与えないでいると、免疫系としては必要なものを与えてもらうために自分自身を攻撃する以外に選択肢がなくなるのです。

つまり、免疫系は、免疫系にエネルギーを送ってくれない〝あなた〟を攻撃して、〝わたし（＝免疫系）〟に必要なエネルギーが流れて来るようにしようとしているのです。

別のいい方をすると、〝あなた〟がものすごく調和に欠けた状態なので、〝あなた〟自身が病原体のようになってしまっているのです。しかも、どの病原体よりももっとも優先度の高い病原体と認識され、免疫系に攻撃されるのです。

わかりますか。

おのころ　へぇ。そんなことを僕らの身体はしてしまうものなのかな。免疫システムは常に僕たちの味方というわけではないんですか？

バシャール　免疫系はいつでも私たちの味方です。

ただ、起きていることを反映してくれているだけです。

あなた自身が、あなたにとっての最も危険な病気になってしまった、ということです。免疫系があなたを攻撃しているとき、免疫系が伝えているメッセージは、「問題はあなただ」ということです。

「原因は外にあるのではなく、あなたの内側にある。変わるためには、内側を見なさい」と伝えてくれているのです。つまり、どこに注意を向ければよいのか教えてくれている免疫系は、ちゃんと仕事をしてくれています。

おのころ　……。

バシャール　もちろん、そこでさらに「そんなこといやだ」と抵抗して死んでしまうこともあります。

つまり、自己免疫疾患では、その疾患が自分に何を伝えようとしてくれているのか、そこに注意を向ける必要があります。

おのころ　その説明を聞いていて、とても切ない気もちになりました。僕のクライアントさんの中にも自己免疫疾患の方が多いのですが、あなた自身が病原体だなんてとてもいえません。もっと、希望をもってもらえるようなほかの説明のしかたはありませんか？

バシャール　以前お伝えしたように、まず「自分自身に関する思い込みにどんなものがあるのか見てごらん。そして、それを手放していくととてもいいことになるよ」という伝え方ができます。

さらに先ほどお伝えしたとおり、「こういうことを伝えるのはいいづらい」と信じる必要はありません。なぜなら、これは観念のひとつだからです。

本人が病気とイコールになってしまっているところを、非常にクリエイティブに、創造力を使って、相手が受け入れられるような形で伝える、その工夫はご自分でしてみてください。

おのころ　なるほど、工夫ですね。わかりました。

## カルテ24――生活習慣病

### 生活を改められない観念の呪縛の外に出ること

おのころ　では、生活習慣病についてもおうかがいします。

糖尿病、高血圧、高脂血症、痛風などは、長年の生活習慣からきていて、わかっちゃいるけどやめられない喫煙や飲酒、偏った食生活、ストレスなどが原因だといわれていますが、ここ2日間のバシャールのお話を聞いて、これらも観念から引き起こされる病気だと理解できました。病気の原因というのは、常に、「自分がみえていない」ということなんですね。

バシャール　だからこそ、古代からいわれていた「汝《なんじ》、己を知れ」というところに戻ります。覚えておいてください。

「わかっているけどやめられない」のは、「やめたらもっと悪いことが起きる」という観念をもっているからなのです。

「これは、身体によくない」と知っていて、その習慣をやめてもひどいことはおきないと知っていても、観念によって「いやいや、これをやめたら今よりもっとひどいことになる」というふうに信じているのです。

だから、安心感を感じられるので悪いと知りつつ、慣れ親しんだことを繰り返しやりつづけるのです。

おのころ　はい。

バシャール　「これをやめたらどんな最悪なことが起きると思っているのか」とか、「本当の自分になったら、どんな最悪なことになると信じているのか」と質問してみるといったごくシンプルなことでも、観念の中身がわかることがあります。

その質問に答えられれば、観念の中身が特定できます。

たとえば、「これをやめたら私は変な人だと思われる」「仲間はずれにされる」「愛してもらえなくなる」「批判される」とか「独りぼっちになる」とかです。こうした答えの中身が自分にとって最適なことをしたら起きることだと信じています。
そしてネガティブな観念があるので、自分にとってよいことをしたら自分は罰せられる、あるいはネガティブな結果に終わると信じているので、いまいるところから離れることができずに、いままでとおりの習慣をつづけてしまいます。

おのころ　それを知ることができたらどんなに自由でしょうね。

# カルテ25——糖尿病

## 糖尿病は「人生は甘くない」という欠乏感から来る

おのころ　僕らカウンセラーはさまざまなカウンセリング手法を用いて、いかにクライアントの行動の変容を起こすかに日々取り組んでいます。

病気になりたくてなった人はいなくて、それでも個別個別にそうならざるを得なかった理由というものがあります。自分の深いところの意識がそれを選択していると思うんです。

そこで、はい、また、個別の症状に戻りますね。

糖尿病という病気があります。糖分をうまく活用できない疾患ですが、この病気の原因についてはバシャールはどう考えますか？

バシャール　糖尿病はもう少し状況が複雑です。

糖尿病を選んでしまう理由はものすごく多岐にわたっています。

一般的にいえば、「何かを奪われた」という感覚が根底にあります。

「生きていくうえでとても大切な根本的なものを奪われてしまっている」というふうに感じていると、「人生は甘くない」と感じます。

おのころ　ほう。たとえば、財産を奪われるとか、愛情を奪われるとかですか？

バシャール　実際に何が起きたかということより、それをどう意味づけするかがポイントです。

何かを失ったとしても、「これは私から何かが奪われたことを意味している」という観念がない限り、そのようには感じないでしょう。

ポイントとしては、「大切なものを奪われてしまった、と感じてしまった」ということです。

すると、今度は最も手っとり早く安心感を感じられるもの、つまり、食べ物に意識が向きます。そこで間違ったものを食べたり、食べすぎたりします。「自分から何かが奪われた」と感じていることで、糖尿病につながる習慣を繰り返し、その結果、糖尿病になるのです。

おのころ　要するに、〝甘くない〟人生の代わりに甘い食事で代用しようとするということですね。

バシャール　そうです。

おのころ　とてもわかりやすいです。

## カルテ26　骨粗鬆症《しょう》

### 自分を支えてくれる骨組みがないという思い込みを外す

おのころ　では、骨粗鬆症についてです。骨密度が低くなっていき、自らの身体を支えられなくなってしまう疾患です。

バシャール　その状況をみるだけでもどんなことが起きているのかわかりそうですね。「人生の構造が自分を支えてくれない」、または「existence（存在）という構造が自分を支えてくれない」、あるいは「自分を支える骨組みがない、構造がない」と感じます。

おのころ　どうしてそう感じるんでしょうか？

バシャール　今までいってきたすべての疾患に共通している根本の思い込みが、「自分には価値がない」とか「自分はどこにも所属していない」とか「自分は何かいいものを受け取るだけの資格がない」というものです。

これを長期にわたってもっていると、本当に壊滅的な疾患になります。

古代に行われていた拷問《ごうもん》の方法に、千回切りつけて殺すというものがあります。最初の1回は少し切り傷ができるだけです。2回目、3回目、4回目、5回目でも、ちょっとは痛手があるけれども、その傷を抱えたまま生きることがまだできます。

しかし、千回目ともなると、その場所から離れない限り、あるいは何かをしない限り、治すこともできないぐらいひどいダメージになっています。

長きにわたって「自分には価値がない」「自分はどこにも所属しない」「資格がない」などと思っていると、じわじわと時間をかけて千ヶ所も傷ができたのと同じように、もう治せないところまでいってしまいます。

つまり、途中でそれらを手放し、自分を癒《いや》さないといけないのです。

おのころ　なるほど。不要な観念を手放さなければいけない。不要な観念を長い間もちつづけていると身体に深刻な疾患を招くというのはとてもよくわかります。

# カルテ27 ― 腎臓病

## 腎臓疾患は各部位のコミュニケーション不足から起こる

おのころ　次に、腎臓病についてうかがわせてください。
腎臓病も、身体の中の不要物の手放しがうまくいっていない象徴的な病気だと思います。汚れた血液を濾《ろ》過して不要なものを手放すのは腎臓の主要な仕事ですから。

バシャール　そのとおりです。

おのころ　東洋医学では、「腎虚《じんきょ》」に関連する症状がとても多いのです。腎臓が弱っている、濾過して手放す力が弱くなってくると、生殖器系に出たり、骨に出たり、耳に出たり、思考力に出たりといろいろな部位に現れてきますので、腎臓を大切にするということが東洋医学の養生として重きをなしています。

バシャール　腎不全によって全身の臓器に深刻な影響を及ぼしていきます。。腎臓は生命体を維持するのに非常に重要な臓器だからです。

おのころ　昨日は心臓について詳しく聞かせていただいたのですが、腎臓には、ハイヤーマインド、ハートマインド、ヘッドマインドが宿るということはないんですか？

バシャール　いってみれば、身体の細胞の一つひとつには、すべてマインドが入っています。昨日お伝えしたとおり、すべての臓器は心臓から派生したものです。胎生学上、心臓が最初にできてきます。心臓より先に神経系統が生じ、情報が伝わるとおり道ができますが、臓器として最初にできるのは心臓です。ですから、心臓以外の臓器はすべて心臓の派生だと思ってください。つまり、各臓器はハートマインドを部分的に表現しているわけです。ということは、全身がさまざまな形で表現されたハートで満たされているということです。

おのころ　ＯＫ。そこで、僕の考え方も少しシェアさせてください。

バシャール　ＹＥＳ、ＹＥＳ！

おのころ　血液を中心に考えた場合、身体にとって血液の入り口というのは肝臓なんですね。そして、出口が腎臓です。そのリズムをつくるのが心臓です。

バシャール　はい。そして心臓のリズムをとおして心臓はいろいろな臓器に情報を送っています。もちろん神経系統も情報伝達を行いますが。

おのころ　心臓は身体のリズムをつくる。血液を全体に配分するとか、臓器のリズムをつくるという意味でとても重要なのはよくわかります。

バシャール　そして、血管系のどこかに疾患があるとハートからの正しいリズムが、病気の血管の先にある臓器に伝わらなくなります。つまり血管系になんらかの疾患があるということは全身的な疾患であり、その人がひとつのシステムとしてうまく機能していないということになります。象徴的には、身体の各部分の間のコミュニケーションができていない状態です。

## 腎臓は溜まりすぎた情報や観念を手放しする臓器

おのころ　ああ。腎臓にももちろん心臓のリズムが届いているわけですね。先ほどの「わかっちゃいるけど手放せない自分の観念」についていえば、象徴的なのは腎臓が手放しの臓器であるということです。現代人の身体に起こっている病気の多くは、情報過多、食べすぎ、飲みすぎなどがすべて排泄器官にすごく負担を与えている結果です。それが腎臓病が増えている原因なのかなと思っています。

バシャール　はい、そうですが、情報過多については昨日いいましたね。

おのころ　そうですね。ここで押さえておきたかったのは、これからの人類が身体を進化させていく際、自分の信念を手放していくという点で、腎臓は大きな鍵を握ると思うのです。

バシャール　そうですね。

## 未来医療の4つのステップ

おのころ　はい、ここまで、個別の疾患についてたくさん聞かせていただきまして、ありがとうございました。
そろそろ3日目の後半部分に入りたいのですが、それは、これから人類がどのように進化していき、病気のない世界にどういうふうに至っていくのかというプロセスです。

バシャール　まず、すでにお伝えしたことですが、大事なのでもう一度いいます。

まず第1のステップとしては、どんな観念がどんな疾患をつくっているのかという相関関係を知るためのいろいろなやり方やパーミッション・スリップ（許可証）、テクニックが開発されていくでしょう。

そして、あなたがおっしゃったような、たとえばヒプノセラピーだったり、そのほかいろいろな方法を使って、それぞれの人が自分の観念を発見し、本来の自分とそぐわないものを手放していくでしょう。

おのころ　今、ちょっと聞いてもよろしいですか？　観念が病気をつくり、目に見えない世界が目に見える世界に反映されるということですが、今の肉体を対象とした医療はどういうふうに変わっていくのでしょうか？

バシャール　それほど大きな役割を果たさなくなるでしょう。緊急に手当てをしなければいけないケース、たとえば、骨折などでは使われるでしょう。しかし、骨折への手当てですら将来変わってきます。それは後でお伝えします。

おのころ　おー、わかりました。

バシャール　では、ステップ2です。多くの人が自分の観念とつながることに対してだんだんオープンになってくると、今度はもっと早く、もっと簡単に観念につながるためのテクニックが開発されてきて、身体を自分本来の状態に戻す方向へと、身体に対する働きかけ自体が変わってきます。

いい換えると、波動医療です。「病気の周波数」や「健康の周波数」を扱うような医療が開発されるでしょう。

こうした状況からたくさんの機器やエネルギーワークなどが出てくるでしょう。それらの目的は、人々をある状態に導くものです。ある波動に浸ったり、同期や共鳴という原理を利用して自分を癒すようになるでしょう。

ステップ2では、さまざまなレベルにおいて、現実の体験がもつ基本的な周波数、波動とつながることを、たくさんのテクニックを使って行っていくことになります。

ステップ3に進む前に、このステップ2について質問はありますか?

おのころ　はい。機器やテクノロジーはこれからもたくさん出てくると思うんですが、僕もこの分野にはだいぶ詳しくて、でも、その結果、行きついたのは、一番すごいテクノロジーは人間の感性で、最も精巧だなと思っています。

バシャール　はい、そうです。そういったことをステップ2でみんなが学ぶことになります。一夜にしてそうなるわけではありません。

おのころ　僕の知人にとても高名な気功師の先生がいるのですが、一瞬にして人々を治してしまうほどすごい人なのです。

バシャール　少し訂正があります。誰かを直接治すことはできません。気功師の先生はある波動を提供し、人々はその波動に共鳴することを選んで自分自身を癒しているのです。このステップ2の説明は、地球の全員がそうなるということです。すでに、そういうことをできている少数の方の話ではありません。

おのころ　あ、失礼しました。発言は丁寧にしないといけませんね。訂正します。その気功師の先生が象徴的なので、もう少し話をつづけたいのですが、その方が結果をすごく出すので、興味を持った科学者たちがリサーチしたわけです。そうすると、彼の出している周波数というのが、本人が意識していなくても、相手の周波数に精妙に合わせていたことがわかったのです。

## あなたの中のエネルギーの知性にすべてをゆだねる

バシャール　それが先ほどお伝えしていたことです。人は抵抗がまったくなくなったら、非常に高い純粋な周波数がとおる導管のようになります。その人をとおるエネルギーは、シンクロニシティによって果たすべき役割を自然と果たします。つまり、チャネリングの一種です。気功師の先生は何も意図する必要さえありません。エネルギーが必要なことをするのを、そのままに許しておくだけです。

覚えておいてください。エネルギーには必ず知性があって、何をしたらいいのかはエネルギーが知っています。だから、エネルギーに「こうしなさい」という必要はないのです。

おのころ　エネルギー自体に知性があるという考えはすごいですね。

バシャール　そうです。邪魔をしてはいけません。ただ導管になってください。

おのころ　今、僕はセルフケアの延長として、病気になった場合、現時点で、どういう医療と関わっていくかということを考える「患者学」を推進しています。その中で、重粒子線や陽子線治療などといった方法が最先端治療としてガン治療に取り入れられています。外科手術ではなく、高度な周波数を使って、ガン細胞に照射していくという放射線治療の方法ですが、これらについてはどうお考えになりますか？

バシャール　そうです。周波数や波動で治していくものの最初の形がその陽子線治療です。
ステップ3にいってもよろしいですか？　それともまだ質問がありますか？

おのころ　あ、もうひとつお聞きしたいことがあります。
先ほどいったように、周波数感知という点では人間の身体が一番優れていると思うのですが、機械が介在してしまうと機械がすべて答えを出してしまうようになって、そこに人間が依存してしまうんじゃないかと危惧しています。僕としては、ある途中段階に機械というテクノロジーが姿を現すとしても、やがてそれは役割を終えていくと思うのですが、どうでしょうか？

バシャール　最終的には機械はなくなっていきますが、機械で確認をしたいという観念をもっている人もいますので、その観念がなくならない限りは機械が使われます。けれども、最終的には今使われているような周波数を検知する機械をずっと使いつづけるということはありません。

おのころ　ありがとう。ステップ３の後でまたお聞きしたいことがあります。

## 毎瞬毎瞬あなたは新しいあなたになっている

バシャール　ステップ３はだいぶ内容が違います。ステップ３は、みなさんの社会ではいろいろな呼び方をされるかもしれません。

たとえば、パーソナリティ・コヒーレンス（personality coherence：人格統一性）、ＰＣと呼ばれたり、あるいは、マルチプル・パーソナル・コヒーレンス（multiple personality coherence：多重人格統一性）、ＭＰＣと呼ぶ人もいるでしょう。あるいは、パラレル・リアリティ・セラピー（parallel reality therapy：並行現実セラピー）、またはＰＲＴと呼ぶ人もいるでしょう。

こんな内容になっています。

ご存じのように、並行現実はたくさんあり、すべての並行現実にいろいろなバージョンの自分がいます。そのいろいろなバージョンの自分は、たとえば多重人格として表現されることがあります。

これを理解するには時空がどのように機能しているかを正しく理解できていなければなりません。

毎瞬、毎瞬、毎瞬、毎瞬、1秒間に何十億という並行現実を通過して、毎瞬毎瞬違う自分になっていることを理解している必要があります。

そうすると、無限の並行現実、無限の自分、無限の人格があるので、少なくともそのうちの1人は病気でないばかりでなく、一度も病気をしたことがない自分がいるはずです。

そういう自分は、1人以上いるかもしれません。

「自分が毎瞬毎瞬新しい周波数を得て新しい自分になっている」ということが理解

できれば、単にその病気をもっていないというだけではなくて、「一度もその病気をしたことがない」という並行現実の自分の周波数に合わせ、瞬時に新しい別人になれるのです。

おのころ　は、はぁ。

バシャール　これは「現実とは何か」についてさまざまなことに気がつくチャンスでもあります。「自分にとって真実と信じているもの」を使って、自分がどうやって現実をつくっているかを理解するパワフルなチャンスでもあります。

医師やサイコセラピーの世界では多重人格者の診察や観察をとおして、別人になる効果が目撃されています。

たとえば、ひとりの人格が腫瘍をもっているとします。別人格が出てきたときは、肉体は変わっていないように見えるのに腫瘍がなくなっているのです。

人は連続性の幻想を信じているので、同じ肉体のように見えますが、人格が入れ替わったときは別人になっており、身体も違う身体になっています。

たとえば、ひとつの人格ではある薬を飲んでも平気なのに、別の人格ではその薬のアレルギーショックで死ぬ可能性すらあります。

## 一度も病気をしたことがない自分の周波数に自らを合わせる

ということは、多重人格者に見られる人格の効果を活用することができるということです。マルチプル・パーソナリティ・ディスオーダー（多重人格障害）なら ぬ、マルチプル・パーソナリティ・オーダー（多重人格秩序）、またはコヒーレンス（統一性）の方法を使い、病気のない状態にシフトし、一度もその病気にかかったことのない別の自分の波動、人格を維持することができるようになります。

おのころ　おー（汗）。ちょ、ちょっと質問させてもらってもよいですか？

バシャール　4番目のステップは簡単なので今お伝えします。
4番目のステップは、この3番目のステップの状態が自動的に起きている状態です。
人は常に病気という体験を必要としない人格の波動になるので、自動的に一度も病気を経験しない現実にシフトします。
では、質問をどうぞ。

おのころ　ステップ3の部分がとっても重要ですよね。毎瞬毎瞬の並行現実というもの。わかりやすくいうと、蛍光灯も連続して光っているように見えて、点滅していますよね。

バシャール　はい。オン、オフ、オン、オフです。

おのころ　僕らの肉体の分子構造にも同じことが、起こっていると解釈していいんですよね？

バシャール　はい、そうです。バーチャル・パーティクル（virtual particles：仮想分子）です。

おのころ　それが連続して、自分をつくっている。要は、連続性にみえるということも、実は一つひとつがそこにいるということを選択しているということですよね？

バシャール　はい、そうです。

おのころ　そうか、じゃあ、その人の信念そのものが存在の継続性や連続性をつくっているといえるのでしょうか？

バシャール　「連続していることにしておきましょう」という集合的な合意がなされたことで、それについていちいち考えなくても自動操縦的な形になっています。けれども、これからは毎瞬毎瞬どんな自分になりたいかということを選ぶことができるようになります。つまり、連続性の自動操縦をやめることができます。連続性を遮断することができます。

# カルテ28――睡眠のリズム

## 常に寝ていて、常に起きている状態へと変わっていく

おのころ　はい。すべてを理解するには時間がかかると思いますが（笑）。別の角度からいうなら、僕は、これは「睡眠」と関係していくと思うんですね。僕らは起きて、寝て、起きて、寝てを毎日やっていますが、いってみればこれもオン、オフの繰り返しですよね。実は呼吸もそうです。吸って、吐いて、吸って、吐いての連続です。オン、オフ、オン、オフと繰り返す。

現代人の睡眠時間がどんどん短くなっているのも、今バシャールがおっしゃっていることの理由のひとつなのかなと思うのですが、いかがでしょうか？

バシャール　そうですね、そうなります。そして、私たちはもうまったく寝ていません。

おのころ　そう。それを聞いて初めはびっくりしましたが、納得もしました。睡眠がなくなっ

ていくというよりは、オン、オフの切り替えがどんどん短くなっていく。僕らは今は、1日のうち、大きく寝て、大きく起きているという状態ですが、それがどんどん縮まっていって、自分で選択しながら1日を送るようになる。そして、オフにして、眠る。このオンとオフのサイクルをもっと自分自身で選択できるようになるのかなと。

バシャール　そうです、そうなります。それはなぜかというと、常に起きていて、常に寝ていて、常につながっている状態になるからです。

連続性の視点からみると、そのように感じられるでしょう。相変わらず、オン・オフをしていますがオン・オフのサイクルが短くなり、現実自体のオン・オフのサイクルと波長が合ってくるようになるでしょう。

睡眠の目的は、ハイヤーセルフとつながってリチャージングすることです。それは、物質現実の出来事に対処できるようにするためですが、そのこと自体、人工的なものです。ただ、そのサイクルをどんどん短くしていけば、いつでもつながっていて、いつでも経験しているようになります。

おのころ　それが３００年後なんですね？

バシャール　３００年から４００年の間です。今のみなさんのエネルギーを読むとそのくらいです。

もちろん３００年、４００年後も、今と同じような「起きて寝る」という古いサイクルをしている人もまだいるでしょう。ただ、１０００年後には、いまのような睡眠サイクルでなく、私たちと同じようになっているでしょう（編集部注：バシャールの存在するエササニ星は、地球からおよそ３００年先の未来にあるとされているが、彼らの星の波動は地球上のそれより約10倍速いため、実際には地球から３０００年ほど先の未来にあると考えられている）。

## 動物たちは自分の周波数に合った呼吸をしている

おのころ　人類が進化の方向性として、今のように、起きて寝るというサイクルがどんどん短くなっていく。呼吸も昔は無意識にしかできなかったと思うのです。

たとえば、猿や犬は深呼吸をしませんが、人間は意識的に深呼吸ができる。呼吸に選択を入れることができる。すなわち、自分自身で呼吸に意識を入れることができます。

僕は、次には、心臓に意識を入れることができるようになるんじゃないかと思っているのですが、どうお考えですか？

バシャール　動物は自分の周波数に合った、そして本来の姿に合ったリズムで呼吸をしています。人類はどちらかというと息をつめています。

心臓の話ですが、自分がつくる周波数に伴って自動的に動きます。より本来の自分の周波数に合った心臓のリズムになっていくので、心臓に意識を入れて意識的に心臓を動かす必要はありません。

意識的に心臓を動かそうと思えば、そうできますが、今いったのは、「本来の自分に戻ろう」と思って意識的に心臓のリズムを動かさなければいけないということはない、という意味です。

# カルテ29――気管支

## なぜ気管支は枝わかれしているのか？

おのころ　ふむふむ。僕はバシャールの並行現実の話を本で読ませていただいたり、今回のセッションでもうかがいましたが、いってみれば、僕らの身体の中も並行現実なんですよね。これは以前自分が変性意識の中で観たビジョンなのですが。
たとえば、気管支というのも常に分離していますよね？

バシャール　「すべては今ここにある」という観点からすると、確かに「身体の中は並行現実です」といえなくもありませんが、本当は「身体の中に並行現実がある」というよりは「並行現実の身体が重なっている」という感じです。
そして、気管支がふたつにわかれているというのは、どちらかといえば「肉体をもっている私は物質次元とハイヤーマインド次元の両方に存在している」ということを象徴しています。並行現実を象徴しているというわけではありません。並行現実は無限にあるので。

おのころ　あ、今は、比喩的に表現したいのです。気管支はふたつにわかれて、さらにわかれて、肺胞に届くまで、23回も枝わかれしています。ですから、吸い込む空気さえも並行現実を通過しながら、僕らの身体をつくっていると感じるのです。

バシャール　そうですね。そのように理解することもできますけれども、それは生き延びるための必要性から出てきたものととらえることができます。たとえば、空気がなければすぐに死んでしまいますね。
つまり、分岐が象徴しているのは、「生き延びるためには本当の自分でいるために選択をしなければいけない」ということを象徴しています。
自分らしく「生きる」ということを選ばないかぎり、空気が入ってこなくて死ぬのと同じですね。ですから選択とは、空気と同じです。

おのころ　生き延びるための選択と、並行現実の選択、つまり、ステップ3であった話ですが、それは連動しないのでしょうか？

## クリエーションはいつも51%ポジティブ、49%ネガティブ

バシャール　すべての選択は、本来の自分の流れに沿っているのか、それに抵抗しているのか、それともそのどこかの中間か、という性質をもっています。

思い出してください、「創造」は、二元でなく三位一体からできています。ポジティブ、ネガティブ、そしてその中間のバランスです。

ただ、「創造（クリエーション）」はほんの少しポジティブに寄っています。なぜかというと、ポジティブとネガティブの中間のバランスのところは選択ができるようになっている。選択の可能性がある状態とは、ポジティブな状態です。

「創造」は、51％ポジティブで、49％ネガティブです。ということは、「創造」の本来の流れは、ポジティブへ向かう性質があるということです。あなたがすべきことは、その流れに従うことです。

ネガティブな観念にしがみついているということは、ボートに乗って錨《いかり》を降ろしているのと同じです。本来なら川があなたを行くべき場所へ運んでくれるのに、同じ

場所にとどまりつづけているのです。

**おのころ**　なるほど。今、トータルでお話をうかがったなかで、いかに自分自身を統合していくか、自分を三位一体にしていくかが重要だと感じました。そこには、意識的な決断と無意識的な決断の統合の問題が浮上してくると思いますが、僕ら人類はいかに意識的な決断に介入できるのか、そして、それが果たして人類進化の鍵なのか、そこを知りたいです。

**バシャール**　そうですね。その意識的な決断が大事なだけではなく、そもそも意識的な決断に至った背後にある観念、そこです。

**おのころ**　そこが一番難しいところで、自分でポジティブな選択をしていると思ったものが実は信念や観念からきた決断だったりすることもあると思うのですが、そうだったらその選択をやめたほうがよかったり。そのあたりのさじ加減は難しいですね。

**バシャール**　そのとおりです。

自分に本当に正直になれば、ワクワクと不安の違い、真実と怖れの違いがわかるはずです。

自分がどちらを感じているのかを知ることを怖れなければ、違いがわかるはずです。必要なのは、正直に透明に、なんの色もつけずに自分をみて自分を知ることです。同時に、結果にこだわらないことです。自分が思ったことが正しかったかどうかは結果が教えてくれるので、結果にこだわる必要はありません。

おのころ　うー、そうか～。

バシャール　つまり、自分の最大の情熱を、能力いっぱいに追求して、結果に執着しないというやり方自体が、自らを自動的に進めてくれる、自動的に導いてくれる、自動的に修正してくれるシステムなのです。
知るべきはそれだけです。そして、結果がすべて教えてくれます。その結果をみて、さらにつづけていきたいか、やめたいかがわかります。ひとり暗中模索するようなことには、決してなりません。

## 人類はシンクロニズムを常に体験している

おのころ　本来、そういう感度を人間はもっているということなんでしょうか？

バシャール　そのとおりです。

すでにみなさんはシンクロニズムを体験しています。ただ、ネガティブな観念をもっているがためにネガティブなシンクロニシティを体験しているだけです。しかし、これも選ぶことができるのです。

私たちの社会が「純粋なシンクロニズムですべてが動いている」というのは当然ポジティブなシンクロニズムのことをいっています。

シンクロニズムは決して止まることがありません。常にシンクロニズムが起きています。

それは、「存在」の本質の中の一部だからです。

おのころ　根本的な質問で申し訳ないのですが、シンクロニズムを体感していく方向に人類は進化しているはずなのに、今、われわれはなぜこれほどまでに〝ずれ〟が生じている世界に生きているのでしょうか？
あるいは、それにも大事な意味があるのでしょうか？

バシャール　もちろん意味があります。人にはそれぞれ選んだ道があり、自分が真実と思っている道を選んでいます。それが最善の道かどうかは別として。すべての人が、今回の人生で癒されたい、あるいは癒される必要性を感じているわけではないということです。病気の道や病気になって死ぬ道を選ぶ人もいるということです。それがスピリットとして学びたいことなのでしょう。全員が癒されていく能力をもっているわけでなく、それはそれで構わないのです。

おのころ　な、なんか、すごいことを聞いてしまった気分です。

## ヒーラーの仕事は相手に何かを受け取ってもらうこと

バシャール　人によって、どんなことを人生で経験するかというのはテーマによって違ってきますが、たとえば、ある人が「自分はポジティブな方向に変われる」という観念を持てなかったとしても、スピリットは永遠に生きつづけ、無限で、そして破壊することができない存在ですから、今生、何かを学べなかったとしてもどこかで何かを学ぶのです。

おのころ　はい。

バシャール　たとえば、ヒーラーの仕事とは、全員が癒されるべきという前提に立つのではなく、可能な範囲でのサポートを提供することです。相手は差し出されたものをどう使うかを自分で決めます。そうしたらそのヒーラーはきちんと仕事をしたことになります。

人によっては「もう治らない」という観念をもっているので、「治らない」ことを証明するためにヒーラーの所に行きます。すると、ヒーラーは、本人が望んでいる「治らない」という事実を提供することになります。本人の「治らない」という観念を証明する手助けをしてあげたので、本人が治った、治らないに関わらず、ヒーラーはきちんと仕事をしたということになります。

ヒーラーは癒すための行動をし、癒すための波動を送ります。それを相手が受け取るかどうかはヒーラーの問題ではないのです。

**おのころ**　そのお話にはまったく同感なんですけれど、ヒーラーやわれわれカウンセラー、セラピストの仕事は、クライアントさんになんとかよくなってほしいという想いからいろいろな工夫を講じているのですが、結局、相手が望んだことしか起こらないということは何度も経験して理解することになります。

**バシャール**　治らなかったとしても、何も受け取っていないということではありません。ヒーラーが思う治る方向のものは受け取っていないものの、何か違うものを受け取っています。あるいは、何年もたってからヒーラーが提供したものを受け取るかしれません。

そのときに治らなかったとしても、セッションをしたことでその人になんらかの情報を与えたことで、決して無駄ではありません。

ヒーラーがそのような活動をしていくことで世界の治癒能力が高まります。

## 相手の周波数と共鳴させると一切の抵抗が生まれない

おのころ　「世界の治癒能力！」ものすごく勇気づけられる言葉です。ああ、では、そこに関連してですが、日本には合気道という武道があります。

バシャール　はい、知っています。

おのころ　それはボクシングのように相手を叩きのめすのではなくて、相手の力をうまく利用して転がしていくような技なんですね。

バシャール　知っています。

おのころ　なにをやっているかというと、合気道は、自分の力に相手の力を統合して、別の力を生み出すということです。

バシャール　そうかもしれませんが、私たちは少し違った見方をしています。合気道をそのように解釈するのはまったく間違っているわけではありません。
実は、相手の周波数と自分の周波数を合わせると、抵抗がなくなるのです。
自分と相手が同じ周波数で動いているのでどの方向にも動けるようになるということが起きています。
合気道、カンフーや類似の武術は、一見、対立しているふたつの力のあいだの抵抗を消し、対立をなくすことをしています。

おのころ　そうです、確かにそういういい方のほうがわかりやすいですね。それを私たちは「呼吸を合わせる」とか「気を合わせる」といっているのですが、そこで周波数の共鳴が起きると、新しい創造性が生まれるんです。そして、これは、セラピーやカウンセリングにおいても、同じことがいえると思うんですね。

バシャール　そうです、そのとおりです。
共鳴が起きて調和が起きるので、克服しなければならない抵抗がなくなるのです。

おのころ　周波数のメディスンというか、「共鳴」が創造性をつくるということですね。

バシャール　共鳴がすべてです。すべては「存在」の共鳴からつくられています。

つまり、「意識」の共鳴が形を変えたものです。

「意識」とは「存在」が「自分は存在している」ことを認識できている部分、それが「意識」です。


「意識」のいろいろな共鳴パターンが「存在」の中でいろいろなものをつくっているだけです。いろいろなものはそれぞれ違うように見えますが、実は同じもので、共鳴の度合いが違っているだけです。

「創造」というのは無限の鏡の間です。そこには、同じひとつのものが無数に映っています。

それがいろいろな鏡に映ることでいろいろなクリエーションができています。

ですから、無限のなかを見ていくと「存在」の本質がわかるようになります。無限の中をみることを学んでください。

## 本来の自分自身に在ることが人類最大の貢献

おのころ　僕も24年間、カウンセラーとして生きてきていますが、バシャールは、もう34年前からこの地球という惑星や人類に対して、大きな視点で、ヒーリングというか、カウンセリングをしてくださっていますよね。

バシャールが智恵をくれて、僕ら人類が受け取って…、という、ある意味、バシャールと地球人とで合気道のような共同創造をしているように思えるんですが、これから、人類は、おそらく、大きなシンクロニシティを起こしていきます。そして、どのように創造性を発揮していくかを学ぶ過程に突入していくと思います。

ということで、いよいよ最後の質問をします。

バシャールはなぜ地球とコラボレーションというか、共同創造をしてくれているのか、その理由を教えてほしいです。

バシャール　私たちは家族なのです。地球が私たちを選び、私たちも地球を選びました。家族として、つながりがあるのです。みなさんの進化段階が、私たちに呼びかけ、私たちのなかでその呼びかけに応えることに情熱をもっている者がそれに応えた。そして、人類は私たちの先祖です。私たちは、みなさんの子孫です。つまり、遺伝的に私たちとみなさんは家族なのです。
みなさんなりの考える人類の未来というものがあるでしょうが、私たちを未来の人類だと思っていただいて構いません。

おのころ　じーん。なんだかとても温かいものを感じます。子孫にちゃんと誇れる先祖でありたいと願うばかりです。

バシャール　みなさんがなし得る最大限の貢献をするためには、ここの部屋にいる人全員は本来の自分になることが最大の貢献です。
それ以外のことはする必要がありません。

おのころ　ありがとう。最後に僕はダリルにもすごく感謝をしたいのですが…。

バシャール　それはダリルになってからいってあげてください。

おのころ　はい（笑）。

バシャール　この共同創造に心から感謝します。
これはアートとラブの共同創造でした。
コズミック・ハグでみなさんを包みたいと思います。
無条件の愛をみなさんに。
では、エメラルドハートになってください。
そして、自己発見とプレイ（遊び）のエキサイティングな1日を過ごしてください。
ごきげんよう！

## Session3
## バシャールに教えてもらったこと
## おのころメモ

**痛みについて**

⦿本当の自分になる、自然のままの自分であることに対する抵抗。

⦿「人生の中でバランスが欠けているところや調和がとれていないところはどこだろう？」と理解をはじめてみる。

**頭痛**

⦿ハイヤーマインド、ヘッドマインド、ハートマインドのうち、ヘッドマインドへ行くエネルギーが多くなりすぎて、そこに抵抗が生まれて生じる。

**膝の痛み**

⦿自分の人生を支えていくだけの自信がない。

⦿柔軟に曲がって人生を前進していける自信がない。

**甲状腺疾患について**

⦿「自分は十分に成長していない」という思い。

⦿「よい方向に変われていない」。

⦿「学んでいない」。

**生活習慣病全般について**

⦿喫煙や飲酒、偏った食生活などわかっちゃいるけどやめられない習慣は、「やめたらもっとよくないことが起こる」という観念から来ている。

⦿「安心感」を感じられるほうを選んでいるため、悪いと知りつつ慣れ親しんだことを繰り返しやりつづける。

⦿これをやめたら「変な人だと思われる」「仲間はずれにされる」「愛してもらえなくなる」「ひとりぼっちになる」など。

**糖尿病**

⦿「何かを奪われた」という感覚が根底にある。

⦿「生きていくうえでとても大切な根本的なものを奪われてしまっている」。

⦿それで人生は「甘くない」と感じる。

⦿甘さの代用として、糖分が多い食事に意識が向く。

**骨粗鬆症**

⦿「人生の構造が自分を支えてくれない」。

⦿「自分を支える骨組みがない」。

**腎臓病**

⦿生命体を維持していくために非常に重要な臓器。

⦿過剰な情報など、不要物の手放しがうまくいっていない。

⦿各部位とのコミュニケーション不足から生じる。

**そのほか**

⦿抵抗があると情報にはネガティブな観念の色がつく。

⦿その結果、行動が減り、疑念が増える。

⦿睡眠の目的は、ハイヤーセルフとつながってリチャージングすること。

⦿300〜400年後には、今のような形の「睡眠」はなくなっている。

⊙同時に、300年後には病気はなくなっている

⊙クリエーション（創造）は二元ではなく、ポジティブ、ネガティブ、その中間の三位一体のバランスからできている。

⊙自分に正直になれば、ワクワクと不安の違い、真実と怖れの違いがわかるようになる。

⊙純粋なヒーラーの活動が「世界の治癒能力」を向上させる。

**未来医療の4つのステップ**

【ステップ1】「どんな観念が、どんな疾患をつくっているのか？」という相関関係を知るための、さまざまなテクニックが開発されていく。

【ステップ2】病気の周波数や、健康の周波数を扱うような医療テクノロジーが数多く開発される。

【ステップ3】個人個人が、「並行現実」を理解できるようになり、「一度も、その病気をしたことがない」という並行現実の自分を選択できるようになる。

【ステップ4】ステップ3の状態が、自動的に起きている状態になる。

**バシャールが地球と共同創造してくれている理由とは？**

「私たちは家族なのです」。

「人類は私たちの先祖で、私たちは子孫です」。

# Epilogue

このあと僕は、バシャールからダリルに戻った彼に、思わずハグをしてしまいました。

さらには、VOICEの大森社長が密かにもち込んだ、宇宙人のかぶりものを、かぶってダリルと2人でしばらく談笑までしてしまいました。（左頁）

僕の周囲のバシャールファンからは、「ええっ！　そんなあなたが、なぜ？」との声を多数、いただいたほどです。

正直に打ち明けますが、僕はバシャールの名前は20年以上前から知っていたものの、この対談が決定するまで、ついぞバシャールの本を読む機会がありませんでした。

バシャールが日本に紹介されて30年。今年31年目へのターニングポイントのはざまに、そんな僕が、対談の相手に起用された理由は、バシャールに対して、僕ぐらいの距離の人間のほうがちょうどよかったからかもしれません。

しかし、こちらとしては、がぜん意気込んで張り切ってしまいます。

「一方的にバシャールから教えを請うという形は、何とか避けたいなー」

「こちらも、地球人代表として、ひけをとらぬ姿勢で臨むぞ！」

まるで武道の国際試合か何かに出かけて行くような面もちで渡米しました。

そんな不必要に「力」の入った初日の僕を、バシャールはやさしく見透かしていたことでしょう。僕も24年のキャリアですが、バシャールはその10年前、34年前から地球にメッセージを送りつづけています。ダリル自身、今年67歳ですから、人としても人生の大先輩です。安心して胸を借りればよい。実際、この3日間のあいだに僕のココロは、温泉にでも浸かったかのようにどんどん、ゆるんでいきました。

けれど、初日の段階で、もっとも勇気をもらったのは、バシャールの通訳を担当してくださった島田真喜子さんの言葉でした。

「バシャールの、独特の雰囲気に、まったく呑《の》まれないおのころさん、すごいですね！」


ああ、ありがとうございます。天使のようです島田さんは！

彼女の一語一句漏らさない通訳ぶりは、もう天才の域でした。ご本人もチャネラーでいらっしゃる島田真喜子さん。だからこそでしょう。きっと普通の通訳さんにはできないスキルで、対談は、言葉の壁をまったく心配することなく進めることができました。この場をお借りして、あらためて感謝申し上げます。


2日目、3日目と対談が進んで、どんどん思うがままに振る舞えるようになってきたところ、僕の頭に、ある人物が浮かんできたました。それは20世紀の偉大な預言者、エドガー・ケイシーでした。

20代の頃、日々クライアントと向き合って必死に自分を磨いていた当時、僕はケイシー・リーディングをむさぼり読んでいました。そんな自分を思い出したのです。

そうか…、あのときの僕と同じように、このバシャールとの本を読んでくれる誰かが、きっと多くのヒントを受け取ってくれるに違いない…。

そう思った瞬間、かつてない高揚感《こうようかん》がカラダの底のほうから湧いてきました。
そこからが不思議議です。ほとんどぶっつけ本番アドリブで進めていた対談でしたが、まるで決まっていた台本があるかのように、問うべき質問、答えるべき台詞《せりふ》がすらすらと、頭の中を流れはじめました。

おお、シンクロニシティとはこういうものか…。

「デジャ・ヴュ」を体験したといっても過言ではないかもしれません。途中からは、僕自身というよりは、まさに、僕の中の〝グリーン・ワイズマン〟が機能しはじめた感じでした。
(※グリーン・ワイズマン：高名なあるチャネラーさんが僕のハイヤーセルフを見つけてそう名付けてくださった存在)

僕は、24年間のココロとカラダをつなぐカウンセリング経験をベースに、自然治癒力学校という「セルフケア」スクールを開講しています。
そして、セルフケアの延長線上で、たとえ病気になってしまったときでも、
・病院へのかかり方、
・その病気の知識のもち方・情報の集め方、

・担当してくれる医者を〝その気にさせてしまう〟患者の姿勢、などを身につけるための「未来患者学」を確立するべく、毎年、多くのドクター、著名人の協力を得て、「未来患者学シンポジウム」というイベントを開催しています。

ですから普段は、お医者さん相手の対談や学会でシンポジウムの司会を務めさせていただくことが多いので、今回のバシャールとの対談は、まったく対極にあるワールドといってもいいほどでした。まるで、北極から南極へ人事異動させられた気分です。

でも、今回の旅で大きな気づきがありました。

ああ、僕の役割は、こういうところにこそあるんだな、と。

**答えは、ひとつではない。**

病気やつらいカラダの不調に悩む方々へ、医学的、病理学的な解釈から、伝統医学的解釈、あるいは、心理療法的、ヒーラー的、スピリチュアル的解釈、そして、今回のような地球外生命体的な解釈まで、ありとあらゆる幅広い選択肢（つまり並行現実）を提示することが僕のお役目なんだな、と。

そう、あなたの答えは、こうした複数ある選択肢の中から、あなた自身が選んだ瞬間、あなたの答えになるのです。バシャールのいう「並行現実」は、異次元ばかりでなく、私たちの毎日の生活の中に埋め込まれていたのでした。

同じ現象に対し、人は、それぞれ違った解釈をして、意味を受け取ります。まったく同じ現象でも、真反対な受け取り方をする人同士もいます。

でもそれが、私たちの「能力」なのだと思います。自在に解釈できる力こそ、僕は神様が人類に与えてくれた最高のギフトだと思っています。

**あなたの答えは、あなたが選んだ瞬間、あなたの答えとなる。**

今回、バシャールが語ってくれた貴重な解釈を、あなたの選択のひとつとして加えていただけたら、最高に幸せです。

最後になりましたが、このたびの貴重な機会をつくってくださった株式会社ＶＯＩＣＥの大森浩司社長、編集および撮影クルーとして同行いただいたＨＯＤＯの北條明子さんと細谷毅さん、この対談の直接のきっかけをつくってくださったＶＯＩＣＥワークショップの元橋智子さん、プロローグでもご紹介しましたが、日本にバシャールを紹介し、すべてのはじまりをつくってくださったＶＯＩＣＥグループの喜多見龍一代表に深く感謝申し上げます。

バシャールには、地球人を代表して、愛を捧げたいと思います。

本書には「愛」という言葉が一度も出てきません。にも関わらず、これだけ愛にあふれたメッセージを地球に届けてくださり、ありがとうございます。

最後に、ダリル・アンカへ。

今回の旅で、もっとも感謝を捧げたい人です。あなたの34年にもにおよぶチャネリングのおかげで多くの人が救われました。そしてそれはまたこれからもつづいていくことでしょう。

おのころ心平

## ■ プロフィール

### ダリル・アンカ　*Darryl Anka*

日本では1987年に初来日し、その時のBasharチャネルの様子をまとめた書籍「Bashar」は広く日本の精神性に影響を与えた。今まで実に34年にわたり日米その他、世界で活躍。ダリル個人のワクワクの源泉は「映画」。自身の映画制作会社Zia Filmsをもつ。直近の撮りおろし映画First Contactでは、ダリルがチャネルするきっかけとして、1973年の三角形宇宙船との接近遭遇が語られている。往年の歌手ポール・アンカは、ダリルの従兄弟。そしてBasharはダリルの未来世でもある。

### バシャール　*Bashar*

エササニ星の宇宙船パイロットでもあり、人間を含む、他の宇宙生命とのコンタクターでもある多次元宇宙存在。バシャールの名の由来は、アラビア語の（良き知らせをもたらす）「メッセンジャー」の意味から。チャネルのダリルにもアラビアの血が少し入っている。バシャールのメインメッセージは、「ワクワクは、あなたの魂の今生の目的への近道」であり、人間の日常への智慧に富んだ言及から、哲学的な宇宙法則まで実に幅広いコンテンツを語り、日米中心に世界各国に多くのファンをもつ。最近は人間との交流にも慣れ、軽妙でおちゃめな面も、かいま見える。

### おのころ心平　*Onocoro Shinpei*

一般社団法人自然治癒力学校理事長。ココロとカラダをつなぐカウンセラーとしてこれまで２万4000件、約５万時間のカウンセリング経験をもつ。がん、自己免疫疾患、生活習慣病など各病気の奥に潜む心理的欲求を読み解き、自然治癒力解放へと導く手法が高く評価され、経営者、アスリート、文化人など多くのクライアントのセルフケアを請け負っている。他方、パーソナル医療コーディネーターとして病院や治療法の医療選択もサポート。セミナー・講演活動は年150回を超える。著書に『病気は才能』(かんき出版)、『ゆるすいっち。』(主婦の友社)、『ココロとカラダ 元気のしくみ』(さくら舎)、『人間関係 境界線(バウンダリー)の上手な引き方』(同文舘出版)などがある。

未来人に教えてもらった

# 病気の秘密

人類に病気がなくなる世界

2018年6月29日　初版発行

---

著　者　　ダリル・アンカ
　　　　　おのころ心平

通　訳　　島田真喜子
編　集　　北條明子（HODO）
装幀・DTP　細谷毅（HODO）

発行者　　大森浩司
発行所　　株式会社 ヴォイス 出版事業部
　　　　　〒106-0031 東京都港区西麻布3-24-17 広瀬ビル
　　　　　☎ 03-5474-5777（代表）
　　　　　☎ 03-3408-7473（編集）
　　　　　📠 03-5411-1939
　　　　　http：//www.voice-inc.co.jp/

印刷・製本　株式会社光邦

---

落丁・乱丁の場合はお取り替えします。
ISBN978-4-89976-478-6　C0011

Printed in Japan.